Emma Erz

Deutschbuch

Erweiterte Ausgabe

Arbeitsheft 10

Arbeitstechniken
Texte schreiben
Texte verstehen
Grammatik
Rechtschreibung
Lernstandstest

Herausgegeben von
Andrea Wagener

Erarbeitet von
Friedrich Dick,
Agnes Fulde,
Marianna Lichtenstein,
Gabriele Neie und
Toka-Lena Rusnok

Name: ______________________________

Klasse: ____________

Cornelsen

Autoren- und Quellenverzeichnis

S. 5: Annika Sartor: Ohne uns! Wie Roboterautos fahren lernen. Auszug aus: GEOlino Extra 52/2015: Roboter, S. 75 ff. – **S. 15 (unten):** Zitat Dieter Kugelmann, Landesdatenschutzbeauftragter von Rheinland-Pfalz, aus: Videoüberwachung an 62 Schulen. Die Rheinpfalz, 13.2.2018. Aus: www.rheinpfalz.de/lokal/aus-dem-suedwesten/artikel/videokameras-an-62-schulen/ [13.02.2019]) – **S. 17 f.:** Lisa Ludwig: Kampf mit Worten statt mit Fäusten. Aus: Fluter, 02.02.2014. Quelle: www.fluter.de/kampf-mit-worten-statt-mit-faeusten, 02.02.2014 [08.02.2019], aus didaktischen Gründen gekürzt) – **S. 27 f.:** Joachim Gauck: Zu den Folgen der Anschläge von Paris. Schloss Bellevue, 9. Januar 2015. Aus: www.bundespraesident.de/SharedDocs/Reden/DE/Joachim-Gauck/Reden/2015/01/150109-Pressestatement-Frankreich.html;jsessionid=15B39CFF543D83E809E2AA60AED1ACFE.2_cid387 [13.02.2019]) – **S. 31 f.:** Gabriele Wohmann: Denk immer an heut nachmittag. Aus: Gabriele Wohmann: Ländliches Fest und andere Erzählungen. © Hermann Luchterhand Verlag, Neuwied/Berlin 1968 – **S. 36 f.:** Aus: Bertolt Brecht: Mutter Courage und ihre Kinder. Eine Chronik aus dem Dreißigjährigen Krieg. Aus: Gesammelte Werk 4, Stücke 4. Hg. v. Suhrkamp Verlag in Zusammenarbeit mit Elisabeth Hauptmann. Suhrkamp, Frankfurt/M. 1967, S. 1357–1360 – **S. 41:** Alfred Lichtenstein: Doch kommt ein Krieg. Aus: Lyrik des Expressionismus. Hg. v. Silvio Vietta. Niemeyer, Tübingen 1985, S. 124 – **S. 84:** Zitate und Textauszug aus: Reinhold Messner: Kann man Willensstärke trainieren? Interview von Lisa Feldmann und Andreas Lebert. ZEIT Wissen Nr. 3, 17. April 2018. Quelle: https://www.zeit.de/zeit-wissen/2018/03/reinhold-messner-bergsteiger-willensstaerke-training-durchhaltevermoegen [18.03.2019] – **S. 87:** Zitate aus: Für fast alle Helikopter sind die Flanken des Everest zu hoch. Veröffentlicht am 28.04.2015, dpa-infocom GmbH. Quelle: https://www.welt.de/newsticker/dpa_nt/infoline_nt/thema_nt/article140203615/Fuer-fast-alle-Helikopter-sind-die-Flanken-des-Everest-zu-hoch.html [18.03.2019] – **S. 88:** Nadja Einzmann: Narzissen für den Tag. Aus: Da kann ich nicht nein sagen. Fischer, Frankfurt/M. 2001, S. 33 – **S. 90:** Wenn Männer nur noch schweigen. Aus: www.welt.de/wissenschaft/article1669275/Wenn-Maenner-nur-noch-schweigen.html © dpa Deutsche Presse Agentur [13.02.2019; leicht gekürzt und leicht verändert] – **S. 93:** Dirk Eilert: Das sagt die Körpersprache der Mächtigen. Aus: www.mimikresonanz.com/download/wirtschaftswoche20141028.pdf [16.09.2016] – **S. 93:** Birgit Schönberger: Körpersprache. Aus: issuu.com/psychologieheute/docs/leseprobe-psh_04_2014/5 [16.09.2016] – **S. 94:** Antonia Roch: Nach dem Stottern ... geht es weiter. Aus: www.spiegel.de/spiegelwissen/bewerbungsgespraech-wie-praesentiert-man-sich-optimal-a-1041767.html [16.09.2016]

Bildquellenverzeichnis

S. 5: stock.adobe.com/RioPatuca Images – **S. 15:** stock.adobe.com/Heike und Hardy – **S. 17:** stock.adobe.com/ibreakstock – **S. 20:** Shutterstock/Goran Bogicevic – **S. 21:** Shutterstock/Cookie Studio – **S. 22:** stock.adobe.com/antonioguillem – **S. 27:** Shutterstock/Gustavo Frazao – **S. 36:** © Georg Soulek – **S. 41:** mauritius images/Peter Horree/Alamy © Ludwig-Meidner-Archiv, Jüdisches Museum der Stadt Frankfurt am Main – **S. 77:** akg/Science Photo Library – **S. 79:** Shutterstock/Denis Burdin – **S. 84:** Shutterstock/Lian Deng – **S. 85:** Shutterstock/Daniel Prudek – **S. 90:** mauritius images/imageBROKER – **S. 92:** © IfD-Allensbach – **S. 93:** Einfluss der nonverbalen Kommunikation auf die Glaubwürdigkeit. Quelle: http://images.google.de/imgres?imgurl=http%3A%2F%2F1.bp.blogspot.com%2F-IrVJcmhg0c4%2FUudKcHvLKyI%2FAAAAAAAAANc%2FTQq3LT4mSX4%2Fs1600%2FAnteil%2Bder%2BAusdrucksformen%2Ban%2Bder%2BGesamtwirkung%2Bder%2BKommunikation.jpg&imgrefurl=http%3A%2F%2Fmanfredlobstein.blogspot.com%2F2014_01_01_archive.html&h=792&w=1600&tbnid=awPi4LBjfNVEVM%3A&docid=YBQbXmoOs0ejAM&ei=xvjbV8OhKOyS6QS-waWICg&tbm=isch&iact=rc&uact=3&dur=391&page=0&start=0&ndsp=21&ved=0ahUKEwjDnJWGhJTPAhVsSZoKHb5gCaEQMwg1KAcwBw&bih=860&biw=1280 [16.09.2016]

Impressum

Teile einiger Einheiten dieses Arbeitsheftes wurden erarbeitet von Marianna Lichtenstein und Norbert Pabelick unter der Herausgeberschaft von Markus Langner und Andrea Wagener.

Redaktion: Christa Jordan, Eltville

Illustrationen:
Michael Fleischmann, Wien: S. 10, 44–62, 67–71, 86
Barbara Jung, Frankfurt/M.: S. 8, 31–34, 39, 88

Coverfoto: Shutterstock/Edyta Pawlowska
Layoutkonzept: werkstatt für gebrauchsgrafik, Berlin
Layout und technische Umsetzung: L101 Mediengestaltung, Fürstenwalde/Spree

www.cornelsen.de

Dieses Werk berücksichtigt die Regeln der reformierten Rechtschreibung und Zeichensetzung.
Bei den mit [R] gekennzeichneten Texten haben die Rechteinhaber einer Anpassung widersprochen.
Die mit * markierten Texte wurden aus didaktischen Gründen gekürzt und/oder vereinfacht.

1. Auflage, 1. Druck 2019

Alle Drucke dieser Auflage sind inhaltlich unverändert und können im Unterricht nebeneinander verwendet werden.

Druck: H. Heenemann, Berlin

ISBN 978-3-06-062951-0

PEFC
PEFC/04-31-1156

PEFC zertifiziert
Dieses Produkt stammt aus nachhaltig bewirtschafteten Wäldern und kontrollierten Quellen.
www.pefc.de

Inhaltsverzeichnis

Arbeitstechniken

Aufgabenformate trainieren – Roboterautos 5

Sprechen – Zuhören – Schreiben

Einen Informationstext verfassen – Big Data im Straßenverkehr 9

Argumentieren – Umgang mit Gewalt 14
Eine Pro-und-Kontra-Erörterung verfassen 14
Eine textbasierte Erörterung verfassen 17

Ein Bewerbungsanschreiben verfassen – „beFit“ 20

Lesen – Umgang mit Texten und Medien

Einen Sachtext analysieren – „Selfie-Wahn-Sinn!“ 22
Schritt 1: Text und Grafik lesen und verstehen 22
Schritt 2: Aufbau, Argumentation und sprachliche Mittel analysieren 24
Schritt 3: Die Sachtextanalyse schreiben 26

Eine Rede analysieren – „Wir sind Charlie!“ 27
Schritt 1: Den Text lesen und verstehen 27
Schritt 2: Redestrategien und sprachliche Mittel untersuchen 29
Schritt 3: Die Redeanalyse schreiben 30

Eine Kurzgeschichte analysieren – „Denk immer an heut nachmittag“ 31
Schritt 1: Die Kurzgeschichte verstehen 31
Schritt 2: Die Textanalyse schreiben 34

Eine Dramenszene untersuchen – „Mutter Courage“ 36
Schritt 1: Die Dramenszene untersuchen 36
Schritt 2: Die Dramenanalyse schreiben 40

Ein politisches Gedicht analysieren – „Doch kommt ein Krieg“ 41
Schritt 1: Das Gedicht untersuchen 41
Schritt 2: Die Gedichtanalyse schreiben 43

Grammatik

Was kann ich schon? – Rund um Nomen und Verb, Sätze und Satzglieder 44

Rund ums Nomen – Angemessen formulieren 46
Auf Kasus und Numerus achten 46
Pronomen richtig verwenden 48
Teste dich! – Auf Kasus, Numerus und Ausdruck achten 49

Rund ums Verb – Schulleben 50
Mit Synonymen abwechslungsreich und treffend formulieren 50
Die Zeitformen des Verbs richtig anwenden 51
Aktiv und Passiv unterscheiden, abwechslungsreich schreiben 52
Den Konjunktiv I erkennen und verwenden 53
Den Konjunktiv II erkennen und verwenden 55
Teste dich! – Rund ums Verb 56

Sätze angemessen formulieren – Kuriose Berufe 57
Sätze sinnvoll verknüpfen 57
Schachtelsätze und Füllwörter vermeiden 58
Mit Attributen und Relativsätzen genau formulieren 59
dass-Sätze richtig verwenden 60
Mit Adverbialsätzen Zusammenhänge herstellen 61
Teste dich! – Satzbau 63

Rechtschreibung

Was kann ich schon? – Rechtschreibstrategien und -regeln 64

Rechtschreibstrategien anwenden – Fehler vermeiden 66
Strategien: Wörter verlängern und zerlegen 66
Strategien: Wörter ableiten und merken 67
Einen Fehlertext mit Hilfe von Strategien überarbeiten 68
Teste dich! – Fehlerschwerpunkte erkennen 69

Rechtschreibung verstehen – Regeln anwenden ... 70
Einfache oder Doppelkonsonanten? – Auf die erste Silbe achten ... 70
Wörter mit *h* – Hören oder merken ... 71
s, *ß* oder *ss*? – Auf die erste Silbe achten ... 72
Fremdwörter richtig schreiben – Wörter mit *ph*, *th*, *v* und *y* ... 73
Fremdwörter mit *i* ... 74
Teste dich! – Rechtschreibregeln anwenden ... 75

Groß- und Kleinschreibung ... 76
Nomen erkennen ... 76
Nominalisierungen erkennen ... 77
Zeitangaben und Wochentage richtig schreiben ... 78
Herkunftsnamen richtig schreiben ... 79
Teste dich! – Groß- und Kleinschreibung ... 80

Zusammen- und Getrenntschreibung ... 81
Zusammen- und Getrenntschreibungen bei Verbindungen mit Verben ... 81
Teste dich! – Zusammen- und Getrenntschreibung ... 83

Zeichensetzung ... 84
Zeichensetzung bei Zitaten ... 84
Das Komma in Satzgefügen ... 85
Der Apostroph ... 86
Teste dich! – Zeichensetzung ... 87

Lernstandstest

Ich teste meinen Lernstand ... 88
Test A – Texte und Grafiken lesen und verstehen ... 88
Test B – Materialgestützt einen informierenden Text verfassen ... 93
Test C – Grammatik ... 95
Test D – Rechtschreibung ... 96

Quellennachweis/Impressum ... 2

Kennzeichnungen in diesem Arbeitsheft:

1 Aufgabe

5 Zusatzaufgabe

▸ Der Pfeil sagt dir, auf welcher Seite du etwas nachschlagen kannst.

Information / **Methode** Zusammenfassung des Grundwissens

Mit dem beigefügten Lösungsheft kannst du deine Arbeitsergebnisse selbst überprüfen.

Aufgabenformate trainieren – Roboterautos

Information | **Aufgabenformate**

- Bei einer **Auswahlaufgabe** (Multiple Choice) musst du unter mehreren Aussagen **eine richtige Lösung** auswählen.
- Bei einer **Zuordnungsaufgabe** (Matching) musst du aus Wörtern, Satzteilen oder Sätzen inhaltlich zusammengehörende **Paare bilden.**
- Bei einer **Richtig-Falsch-Aufgabe** (True/False) musst du entscheiden, **welche Aussagen zutreffen und welche nicht.** Oft hängt die Entscheidung nur von einem einzigen Wort oder einer Formulierung ab. Lies deshalb immer ganz genau.
- Die **Kurzantwortaufgabe** verlangt eine **eigenständig formulierte Antwort** auf die Frage zu dem Text. Antworte kurz und knapp, aber immer in vollständigen Sätzen und direkt auf den Text bezogen. Schreibe nicht vom Text ab, verwende eigene Wörter.
- Bei der **Einsetzaufgabe** musst du **passende Wörter in einen Lückentext einsetzen.** Einfacher ist es, wenn die Wörter im Wortspeicher stehen, schwieriger, wenn du selbst Wörter finden musst.

Annika Sartor

Ohne uns! Wie Roboterautos fahren lernen

❶ Daniel Göhring könnte sich jetzt mit beiden Händen am Rücken kratzen oder zur Musik im Radio klatschen. Er könnte Scheiben putzen, und das alles, obwohl der 36-Jährige am Steuer eines Autos sitzt und mitten durch Berlin fährt. Also gut – er lässt sich fahren. Eine Allee entlang, Halt an der Ampel, Rechtskurve. Das Lenkrad dreht sich ohne jedes Zutun, der silbergraue VW-Passat findet seinen Weg allein. Wie schafft er das? Es ist ein Roboterauto, das da durch die Straßen kurvt. Der Wagen braucht dafür eine Sondergenehmigung, denn selbstfahrende Autos sind im Verkehr nicht erlaubt. Noch nicht. Experten aber glauben: Eines Tages übernehmen Computer tatsächlich das Steuer und kutschieren uns, wohin wir wollen. Große Autokonzerne wie Volkswagen, Audi, BMW, Daimler oder Volvo stecken Milliarden in die Entwicklung selbstfahrender Wagen und schicken erste Modelle auf Probetouren.

❷ Weil die Autos noch nicht schlau genug für diese Aufgabe sind, brauchen sie „Fahrlehrer" wie Daniel Göhring und seine Kollegen von der Freien Universität Berlin. Die Informatiker[1] überlegen sich: Was muss ein Wagen wissen, um sicher durch die Straßen zu rollen? Die Antwort lautet: eine Menge!
Fehlt der Mensch am Steuer, muss das Auto wortwörtlich allein sehen, wo es bleibt. Im Jahr 2010 hat der Autobauer Volkswagen das Testfahrzeug der Forscher darum mit komplizierter Technik ausgerüstet. Scanner Radare und Kameras ersetzen etwa die Augen des Fahrers. [...] In nur einer Minute sammelt der Wagen 3,3 Gigabyte[2] Daten. Das entspricht in

etwa der Leistung, als würde ein Mensch einen zweistündigen Film in Superqualität sehen und sich alles darin merken. Computer, die im Kofferraum versteckt sind, verarbeiten und übersetzen die Datenflut. Dank Göhring und seinem Team leiten sie Befehle an den Motor, die Bremsen, an Lichter, Lenkrad und Blinker weiter. Göhring nennt den Kofferraum deshalb „Kommandozentrale". Den Wagen schließt er vorsichtshalber in einer Halle ein: Er ist samt Ausstattung rund 500 000 Euro wert – „so viel wie zwei Ferraris".

❸ Selbstfahrende Autos könnten unsere Städte verändern. Die Berliner Wissenschaftler malen sich das in etwa so aus: In der Stadt von morgen verzichten alle Leute auf eigene Autos. Warum auch nicht? Schließlich stehen die bis zu 95 Prozent ihrer Zeit auf einem Parkplatz. Und selbst wenn sie unterwegs sind: Im Durchschnitt sitzen gerade einmal 1,3 Personen darin – was für eine Platzverschwendung! Wer in Zukunft ein Auto braucht, bestellt es sich also per Handy direkt vor die Haustür. Die Robotertaxis kommen von selbst angefahren und könnten auf der Strecke weitere Mitfahrer aufsammeln, die in dieselbe Richtung wollen. Riesenstädte wie London oder Paris benötigten so nur ein Viertel aller Autos, die heute die Straßen verstopfen. Alle Menschen kämen auf diese Weise viel schneller voran.

❹ Roboterautos könnten außerdem die größte Gefahr im Verkehr ausschalten: den Menschen. Neun von zehn Unfällen passieren, weil Fahrer Fehler machen. Ein Computer aber ist niemals müde, wütend oder betrunken. Er rast und drängelt nicht. Und es käme ihm nicht in den Sinn, auf dem Handy herumzutippen, anstatt auf die Straße zu schauen. Außer Sicherheit schenkt der Wagen Autofahrern auch noch Zeit: „Während stundenlanger Autobahnfahrten würde ich liebend gern was anderes tun“, gibt Göhring zu. Genau dort sollen die selbstfahrenden Autos auch zuerst unterwegs sein. [...] In der Stadt hingegen heißt es: abwarten. Hier sind die Wege kniffliger. Der Wagen muss Bussen oder Baustellen ausweichen und im Notfall blitzschnell auf Kinder reagieren, die beim Spielen auf die Straße laufen. Im Moment könnte es allerdings genauso gut vorkommen, dass das Testauto einen Laubhaufen mit einem vorausfahrenden Wagen verwechselt, bremst – und sich nicht mehr von der Stelle rührt. Weil sich die Forscher noch nicht komplett auf das System verlassen können, gibt es im Innenraum drei rote Knöpfe, mit denen sie sofort wieder die Kontrolle übernehmen. In solchen Situationen fühlt sich Daniel Göhring dann wie ein Beifahrer, der an den Fahrkünsten seines Nebenmannes herumnörgelt. „Aber manchmal“, sagt er, „wissen wir es eben doch noch besser.“*

1 die Informatik: Wissenschaft von der systematischen Informationsverarbeitung, insbesondere mit Hilfe von Computern

2 Gigabyte: Maßeinheit in der Digitaltechnik und Informatik

Multiple-Choice-Aufgaben

1 a Worum geht es in dem Text? Kreuze die richtige Aussage an.
TIPP: Oft sind es nur Kleinigkeiten in der Formulierung, die einer Aussage einen anderen Sinn geben.

A In dem Text geht es um ferngesteuerte Autos, um den Verkehr zu entlasten.	☐
B In dem Text geht es um Autokonzerne, die neuartige Fahrzeuge für die Städte der Zukunft bauen.	☐
C In dem Text geht es um Vor- und Nachteile von Roboterautos, die in den USA erprobt werden.	☐
D In dem Text geht es um die Entwicklung selbstfahrender Autos, die es zukünftig geben könnte.	☐

b Kreuze die richtige Fortsetzung des folgenden Satzes an:
Roboterautos können die größte Gefahr im Verkehr ausschalten: den Menschen, ...

A ☐ weil die meisten Unfälle wegen Fehler der Fahrer passieren.

B ☐ um sich dadurch als dem Menschen gleichwertig hervorzutun.

C ☐ damit sie sich als zuverlässige „Beifahrer“ auch für führerscheinlose Fahrer erweisen.

D ☐ nachdem sie den Stau auf der Datenautobahn überwunden haben.

c Am Beispiel der Roboterautos wird ihr Einfluss auf das städtische Leben der Zukunft deutlich.
Wie könnte dieser Einfluss aussehen? Kreuze die falsche Aussage dazu an.

A ☐ Alle Menschen in der Stadt könnten auf ein eigenes Auto verzichten.

B ☐ Bei Bedarf könnte man sich mit nur einem Telefonanruf ein Auto direkt vor die Haustür bestellen.

C ☐ Die Robotertaxis sammeln unterwegs weitere Mitfahrer auf der gleichen Strecke ein.

D ☐ In Riesenstädten würden die selbstfahrenden Autos allerdings 95 % ihrer Zeit im Stau stehen.

Zuordnungsaufgaben

2 **a** **Erkläre die folgenden Ausdrücke A bis D aus dem Zusammenhang des Textes auf den Seiten 5 bis 6. Ziehe sinnvolle Verbindungslinien zu den Erklärungen 1 bis 4.**

A ohne jedes Zutun	1 von ganz alleine
B kutschieren	2 einschließlich, inklusive
C samt (Ausstattung)	3 kritisieren, meckern
D herumnörgeln	4 fahren, sich bewegen

b **Ordne den Textabschnitten 1 bis 4 die passende Zwischenüberschrift A bis D zu. Ziehe Verbindungslinien.**

1	A Stärken/Schwächen – Mensch/Roboterauto
2	B Roboterautos: „gelehrige Schüler“
3	C Zukunftsmusik – Autos ohne Fahrer?
4	D Innerstädtischer Straßenverkehr von morgen

Richtig-Falsch-Aufgaben

3 **a** **Prüfe, ob die folgenden Aussagen A bis F richtig oder falsch sind. Korrigiere, wenn nötig, in deinem Heft.**
TIPP: Löse die Aufgaben, indem du die Textstelle suchst, markierst und mit der Aussage vergleichst.

	richtig	falsch
A Auch bei selbstfahrenden Autos dreht sich das Lenkrad nicht ohne Zutun des Fahrers.	☐	☐
B Noch dürfen Roboterautos nicht ohne Sondergenehmigung am Straßenverkehr teilnehmen.	☐	☐
C Der Staat investiert viel Geld in die Entwicklung fahrerloser Kraftfahrzeuge.	☐	☐
D Die Sinne eines Autofahrers werden durch Scanner, Radare und Kameras ersetzt.	☐	☐
E Roboterautos haben samt Ausstattung einen Gesamtwert von vier Ferraris.	☐	☐
F Die Roboterautos fühlen sich besonders durch die Nörgeleien der Beifahrer gestört.	☐	☐

b **Prüfe, ob die Aussagen A bis F zu dem folgenden Zitat richtig oder falsch sind. Korrigiere, wenn nötig, im Heft.**
„Weil die Autos noch nicht schlau genug für diese Aufgabe sind, brauchen sie ‚Fahrlehrer‘ wie Daniel Göhring und seine Kollegen von der Freien Universität Berlin.“ (S. 5, Z. 19–22)

	richtig	falsch
A Es liegt eine Satzreihe vor.	☐	☐
B Es handelt sich um ein Satzgefüge.	☐	☐
C Das Komma ist zwingend notwendig.	☐	☐
D Das Komma ist nicht unbedingt notwendig und kann auch weggelassen werden.	☐	☐
E Die Konjunktion *weil* weist auf einen kausalen Nebensatz hin.	☐	☐
F „sie“ bezieht sich auf die Fahrlehrer.	☐	☐

Kurzantwortaufgaben

4 **a Erkläre die folgenden Textzitate mit eigenen Worten und Beispielen.**

„übernehmen Computer [...] das Steuer“ (S. 5, Z. 13–14)

Diese Aussage bedeutet, dass in Zukunft der Mensch

____

______________________________, sondern

____

______________________________.

„Hier sind die Wege kniffliger.“ (S. 6, Z. 71–72)

Damit soll ausgedrückt werden, dass ______________

____

____

____

______________________________.

b Im letzten Absatz des Textes heißt es: „Aber manchmal [...] wissen wir es eben doch noch besser“ (S. 6, Z. 85 f.). Gib zunächst mit deinen Worten wieder, was mit der Aussage gemeint ist. Nenne dann Gründe, die zu dieser Behauptung führen. Beziehe dich dabei auf den Text.

____

____

____

____

Einsetzaufgaben

5 **a Fülle die Lücken des folgenden Textes mit passenden Nomen und Verben aus dem Wortspeicher.**
TIPP: Setze zuerst die Wörter ein, bei denen du dir ganz sicher bist. Achte darauf, dass du die Wörter anpasst (konjugierst/deklinierst). Prüfe abschließend, ob der Satz einen Sinn ergibt.

b Welches Wort aus dem Wortspeicher kannst du in keine Lücke einsetzen? ______________

Umgebung • Funksignal • Roboter • Bahn • Verkehr • Kutsche • Orientierung • Kamera • Testfahrt • Rücken • Auto • Wirklichkeit • geben • fahren • sein • nehmen

__________, die ohne Fahrer fahren, das ist längst nicht mehr Science-Fiction, sondern ______________. Forscher bringen den ______________ auf vier Rädern bei, selbstständig und sicher im ______________ ________ unterwegs zu sein. Um ihre ______________ zu erkennen, __________ die Testwagen mit jeder Menge Sensoren und ______________ ausgestattet. So ______________ z. B. ein GPS-Empfänger auf dem Dach ______________ von Satelliten auf, die im All auf festen ______________ kreisen. Sie ______________ dem Auto ______________. Roboterwagen __________ __________ bald zuverlässiger als jeder Mensch. Im Innenraum kann man dann dem Straßenverkehr den ______________ kehren und wie in einer ______________ miteinander plaudern.

Einen Informationstext verfassen – Big Data im Straßenverkehr

Methode **Auf der Grundlage von Materialien einen Informationstext verfassen**

Beim Schreiben eines Informationstextes wählst du wichtige Informationen zum Thema aus verschiedenen Materialien aus und verfasst auf dieser Grundlage einen eigenen, zusammenhängenden Text. Darin beschreibst und erklärst du den Sachverhalt knapp und für die Adressaten gut verständlich. Gehe so vor:

1 **Die Aufgabenstellung verstehen:**
- Lies die Aufgabe genau: Auf welche Punkte musst du bei der Auswertung der Materialien achten?
- Für wen schreibst du den Text, wer sind die Adressaten?

2 **Sich über das Thema informieren und Informationen auswählen:**
- Überfliege alle Materialien. Suche dabei gezielt nach den Punkten, die die Aufgabenstellung fordert.
- Lies anschließend Textstellen mit Informationen zur Aufgabenstellung genau.

3 **Den Text planen und eine Gliederung erstellen:**
- Wähle die Informationen aus, die interessant und stichhaltig sind.
- Überlege dabei: Was wissen die Adressaten über das Thema? Welche Informationen sind wichtig für sie?
- Plane den Aufbau deines Textes mit Einleitung, Hauptteil und Schluss: Erstelle eine Gliederung.

4 **Textstellen paraphrasieren oder zitieren:**
- Formuliere wichtige Informationen aus den Materialien mit eigenen Worten.
- Schreibe besonders wichtige Aussagen als Zitate (▶ S. 84) und notiere die Quelle.

5 **Den Informationstext schreiben und überarbeiten:**
- Formuliere alle Aussagen sachlich, knapp und so, dass die Adressaten sie gut verstehen.
- Formuliere Überleitungen zwischen den Gliederungspunkten und verknüpfe einzelne Informationen durch Konjunktionen wie *weil, aufgrund, da, während, obwohl.*

1 **Du möchtest deine Klasse während der Projektwoche „Zukunftstrends“ zum Thema „Big Data im Straßenverkehr“ informieren. Gehe in deinem Informationstext auf folgende Aspekte ein:**
- **Erkläre, auf welche Weise Daten im Straßenverkehr gesammelt werden.**
- **Beschreibe, in welchen Bereichen des Straßenverkehrs sich Einflussmöglichkeiten ergeben.**
- **Erläutere anhand von Beispielen, welche Vorteile und Chancen sich durch Big Data im Straßenverkehr ergeben.**
- **Fasse zum Schluss die Ergebnisse zusammen und ziehe ein Fazit oder formuliere eine Empfehlung.**

Markiere in den Materialien M1 bis M4 (▶ S. 9–10) in unterschiedlichen Farben Informationen zu den Teilaspekten der Aufgabenstellung. Streiche Unwichtiges mit Bleistift durch.

M1 Tschau, Stau! Big Data löst das Problem

Wieder einmal staut es sich. Auf der zweispurigen Schnellstraße mitten in der Stadt steht der Verkehr still. In vielen Großstädten sind diese Bilder keine Seltenheit, sondern gehören zum Alltag. Noch! Eine intelligente Verkehrsplanung steht für viele Städte ganz oben auf der Tagesordnung. Schon heute werden synchronisierte Ampelschaltungen eingesetzt, um den Verkehrsfluss zu verbessern. Mit Hilfe von automatisch übermittelten Signalen werden bei stärkerem Verkehr längere Grünphasen ermöglicht. Hierbei messen und analysieren Detektoren auf den Zufahrtsstraßen das Verkehrsaufkommen und errechnen ein Muster, wie man die Verkehrsbelastung verringern kann.

Zu einer großen Veränderung im Straßenverkehr sollen in Zukunft Informationen beitragen, die den Verkehrsplanern durch „vernetzte Autos“ selbst geliefert werden können. Bereits 2012 hieß es in der Zukunftsstudie „Die Stadtwirtschaft von morgen“, dass bis 2040 alle Autos in der Stadt mit dem Internet verbunden sein werden. Sie werden mit Fußgängern, entgegenkommenden Fahrzeugen und Ampelsystemen „kommunizieren“ können. Die gewonnenen Daten werden dann nicht nur in bestehende Systeme zur Verkehrskontrolle eingespeist, sondern lassen darüber hinaus auf den Zustand des Fahrzeugs und des Motors sowie das Fahrverhalten schließen. Letztendlich könnten solche Informationen sogar zur prä-

ventiven Wartung und Instandhaltung direkt an den Mechaniker weitergeleitet werden.
Die große Chance von Big Data besteht darin, Milliarden von Datensätzen nutzen zu können, um Entwicklungen zu erkennen. Verkehrsplanern kann Big Data dabei helfen, detaillierte Zusammenhänge ganzer Transportsysteme zu erhalten, die Autos, Nahverkehrsmittel, Eisenbahnen und sogar Fußgänger erfassen. Dadurch wird deutlich, wer wann mit welchem Verkehrsmittel wohin unterwegs ist. An Tagen mit besonders hoher Luftverschmutzung könnten Städte die Fahrtkosten für den öffentlichen Nahverkehr reduzieren oder Fahrgäste kostenlos befördern und so zu einer umweltfreundlicheren Alternative anregen. Eine Analyse der Auto-Daten hilft zudem dabei, überlastete Strecken zu ermitteln und Ausweichstrecken vorzuschlagen. Auch auf diese Weise lässt sich die Verkehrslast verringern.

M 2 Big Data im Straßenverkehr

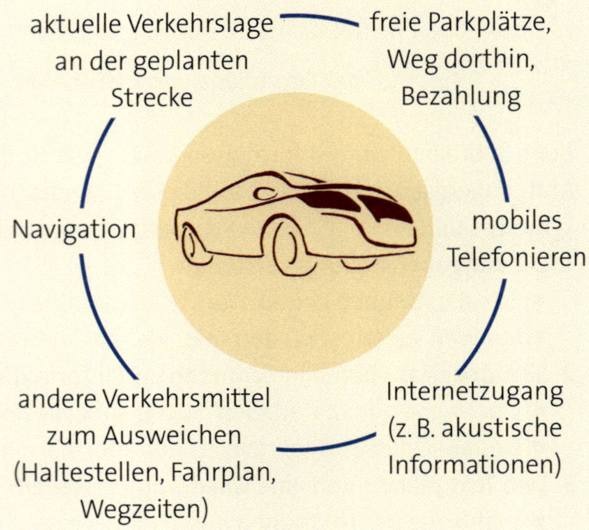

M 3 Kölner Firma *bikenet analytics* nutzt Big Data für Entwicklungen im Radverkehr

Die Kölner Firma *bikenet analytics* sammelt Daten für die Verkehrsplanung aus der „Fahrradperspektive". Bislang geschah dies hauptsächlich für den Autoverkehr. Mit dem von *bikenet analytics* entwickelten Programm werden (mit Zustimmung der Nutzer) gesammelte anonymisierte GPS-Daten untersucht und an die Stadtplanung weitergeleitet. So soll das Radwegnetz verbessert und angepasst an die Bedürfnisse der Radfahrer ausgebaut werden. Es geht z. B. um Fragen wie: „An welchen Stellen müssen Radfahrende häufig warten? Welche Straßen müssen für den Radverkehr geöffnet werden, damit Fahrradfahrer schneller und komfortabler durch die Stadt kommen? Welchen Effekt hätte ein lückenloses Radwegnetz?" Zugleich sollen die Daten auch dabei helfen, bereits geplante Maßnahmen zu bewerten. Schon jetzt zeigt die Wegzeiten-Untersuchung des Programms, dass sich die meisten Wege innerhalb der untersuchten Städte mit dem Fahrrad am schnellsten zurücklegen lassen.

M 4 „App-gesteuert" – Smartes Parkmanagement

Mit Sensoren ausgestattete Parkplätze tragen zu einem intelligenten innerstädtischen Parksystem bei. Welche Chancen und Risiken birgt dieses System? Fragen unseres Reporters an einen Fachmann von Telonia, einem Unternehmen für Telekommunikation.

Wie funktioniert die neue Park-App?

Telonia: Der Kunde kann mit seinem Smartphone freie Parkplätze im Stadtgebiet ermitteln, diese ansteuern und das Parkticket online bezahlen. Es wird auf die Minute abgerechnet und der Nutzer wird benachrichtigt, bevor die Höchstparkdauer erreicht ist.

Wie sicher sind Kundendaten und Bezahlung?

Telonia: Da es sich um hochsensible persönliche Daten handelt, kann sich der Kunde darauf verlassen, dass wir sehr vorsichtig damit umgehen. Ein spezielles Verfahren, das eine Verschlüsselung der Informationen vorsieht, ermöglicht optimale technische Sicherheit und garantierten Datenschutz.

Können städtische Ordnungsämter dann z. B. die Kontrolleure einsparen?

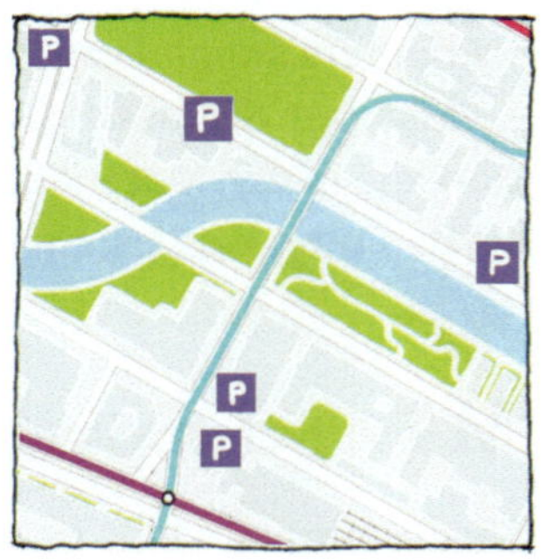

Telonia: Nein, um Missbrauch zu verhindern, kommt ein mobiles Kontrollsystem zum Einsatz, wodurch die Gültigkeit des „digitalen Parkscheins" überprüfbar wird. Kontrolleure können über die Eingabe des Autokennzeichens abrufen, ob tatsächlich ein Bezahlvorgang veranlasst wurde.

Wird die Park-App durch die Gebühren nicht zu teuer für den Verbraucher?

Telonia: Natürlich ist die App kostenpflichtig, aber auf der anderen Seite findet keine Überbezahlung an den Automaten mehr statt, da die Parkdauer minutengenau abgerechnet wird. Letztendlich minimiert die App auch das Risiko, ein Bußgeld bezahlen zu müssen. Dieser Komfort wird durch einfache Tastenbefehle auf dem Smartphone möglich.

Schritt 1: Den Informationstext planen

2 **Notiere: An wen richtet sich dein Informationstext?**

____

3 **Überlege zunächst, was deine Leserinnen und Leser über Big Data im Straßenverkehr erfahren sollten. Übertrage die Tabelle in dein Heft und beantworte die Fragen mit Informationen aus den Materialien. Notiere jeweils, woher sie stammen (M 1–M 4).**

Wie funktioniert Big Data im Straßenverkehr? Wie werden Daten gesammelt?	In welchen Bereichen des Straßenverkehrs ergeben sich Einflussmöglichkeiten?	Welche Vorteile und Chancen ergeben sich durch Big Data im Straßenverkehr?
– ...	– ...	– ...

4 **Untersuche die Grafik M 2. Kreuze an, welche Aussagen zutreffen und welche nicht.**

		richtig	falsch
A	Die Grafik M 2 veranschaulicht die vielfältigen Möglichkeiten für den Autofahrer, wenn sein Auto mit dem Internet verbunden ist.	☐	☐
B	Die Grafik zeigt, welche Programme und Einstellungen ein Navigationssystem im Auto umfasst.	☐	☐
C	Das Schaubild erklärt, dass mit dem Internet verbundene Autos lediglich innerhalb der Stadt funktionieren.	☐	☐
D	Die Abbildung zeigt, dass mit Hilfe der Internetverbindung z. B. während der Fahrt aktuelle Verkehrsdaten der speziellen Route an das Autosystem übermittelt werden können.	☐	☐
E	Das Schaubild erklärt, dass sich die angegebenen Funktionen automatisch ins WLAN einwählen.	☐	☐

5 **Wichtige Aussagen aus den Materialien werden in einem Informationstext mit eigenen Worten wiedergegeben (paraphrasiert). Paraphrasiere die folgenden Sätze aus M 1: Ersetze einzelne Nomen und Verben durch Wörter mit gleicher Bedeutung (Synonyme) aus den Wortspeichern. Schreibe in dein Heft.**

A Eine intelligente Verkehrsplanung steht für viele Städte ganz oben auf der Tagesordnung. (M 1, Z. 4–6)

> durchdachte • Stadtverwaltungen • Planung des Verkehrs • besonders wichtig • halten für • zahlreiche

B Die große Chance von Big Data besteht darin, Milliarden von Datensätzen nutzen zu können, um Entwicklungen zu erkennen. (M 1, Z. 31–33)

> die Möglichkeit bieten • der Vorteil • Schlüsse zu ziehen • darin liegen • große Zahl an gesammelten Informationen • Prozesse abzubilden

C Verkehrsplanern kann Big Data dabei helfen, detaillierte Zusammenhänge ganzer Transportsysteme zu erhalten, die Autos, Nahverkehrsmittel, Eisenbahnen und sogar Fußgänger erfassen. (M 1, Z. 33–37)

> genau • im gesamten Verkehrssystem • bei der Verkehrsplanung • die gesammelten Daten • von Autos, öffentlichem Personennahverkehr, Zugverkehr und sogar Fußgängern • zu erkennen

6 **a Man kann auch ganze Textabschnitte paraphrasieren. Fasse den folgenden Abschnitt aus M3 mit eigenen Worten zusammen. Die markierten Hauptaussagen helfen dir dabei.**

Die Kölner Firma *bikenet analytics* sammelt Daten für die Verkehrsplanung aus der „Fahrradperspektive". Bislang geschah dies hauptsächlich für den Autoverkehr. Mit dem von *bikenet analytics* entwickelten Programm werden (mit Zustimmung der Nutzer) gesammelte anonymisierte GPS-Daten untersucht und an die Stadtplanung weitergeleitet. So soll das Radwegnetz verbessert und angepasst an die Bedürfnisse der Radfahrer ausgebaut werden.	*Mit Hilfe eines von ihm entwicklten Programms sammelt das Unternehmen ... Daten über Fahrräder in der Stadt.* *Neu daran ist, dass ...* *Die GPS-Daten von Freiwilligen werden ohne persönliche Angaben analysiert und ..., mit dem Ziel ...*

b Paraphrasiere weitere Textabschnitte aus M3 und M4. Dafür wurden die Hauptaussagen in den Materialien M3 und M4 (▶ S. 10) bereits markiert. Schreibe in dein Heft.

7 **Wichtige Aussagen aus den Materialien kannst du in deinem Informationstext auch zitieren (▶ S. 84).**

a Setze im folgenden Zitat aus M4 die notwendigen Anführungszeichen und unterstreiche den Hinweis auf die Quelle.

Ein spezielles Verfahren, das eine Verschlüsselung der Informationen vorsieht, ermöglicht optimale technische Sicherheit und garantierten Datenschutz, erklärt ein Mitarbeiter des Telekommunikationsunternehmens Telonia in einem Interview.

b Wähle zwei weitere Aussagen aus M1, M3 oder M4 und notiere sie als Zitat in dein Heft. Weise mit Hilfe der Formulierungen im Kasten auf die Quelle des Zitats hin.

In einem Interview mit dem Titel „..." heißt es: „..." • In dem Artikel „..." wird erklärt: „..."

8 **Erstelle im Heft eine Gliederung für deinen Informationstext. Beachte dabei die Aufgabenstellung: Die Reihenfolge gibt dir den Aufbau deines Informationstextes vor. Ordne die Ergebnisse aus Aufgabe 3 den Teilbereichen zu.**

Einleitung (Einführung in das Thema)	– ...
Hauptteil (Antworten zu den einzelnen Fragen)	Wie funktioniert Big Data im Straßenverkehr? Wie werden Daten gesammelt? – ... – ... In welchen Bereichen ... ? – ... – ... Welche ... ? – ... – ...
Schluss (Fazit oder Empfehlung)	– ...

Schritt 2: Den Informationstext schreiben

1 **Wecke in der Einleitung das Interesse deiner Adressaten und führe in das Thema ein. Schreibe in dein Heft.**

> Sicher habt ihr auch schon einmal erlebt, dass ...
> Wie in vielen Bereichen des Lebens hält Big Data auch Einzug in ...

2 **Verfasse mit Hilfe deiner Gliederung (▶ S. 12, Aufgabe 8) den Hauptteil des Informationstextes:**
- **Formuliere mit eigenen Worten knapp und sachlich. Du kannst die Hilfen im Kasten nutzen.**
- **Verwende Überleitungen zwischen den einzelnen Gliederungspunkten und Verknüpfungswörter (z. B. *weil, da, denn, damit, deshalb, daher, außerdem, sodass*), um Zusammenhänge zu verdeutlichen.**

> Big Data bedeutet ...
> Schon jetzt werden mit Hilfe von Detektoren ... In Zukunft sollen mit dem Internet verbundene Fahrzeuge und die Mobilfunkgeräte ...
> Mit den so gewonnenen Informationen ... Dabei sind unterschiedliche Verkehrsbereiche betroffen ...
> Chancen und Vorteile ... bieten sich einerseits in aktuellen Verkehrssituationen. So können ...
> Darüber hinaus erlaubt Big Data im Verkehr Schlüsse auf langfristige Prozesse ...

3 **Fasse im Schlussteil deine Ergebnisse zusammen und ziehe ein Fazit. Du kannst auch eine Empfehlung aussprechen.**

> Daraus ergeben sich ... • Einerseits ..., andererseits ... • Auch wenn ... • Experten meinen ...

4 **a Welche Überschriften passen zu einem Informationstext? Kreuze an.**
b Du kannst eine passende Überschrift für deinen Text auswählen oder selbst eine Überschrift finden.

☐ Stauende ☐ Big Data im Straßenverkehr ☐ Vernetzte Verkehrsplanung ☐ Smarte Fahrradfahrer

5 **Überarbeite deinen Informationstext mit Hilfe der Checkliste.**

Checkliste

Einen Informationstext verfassen

	☺	😐	☹
▪ Hast du in der **Einleitung** das Thema vorgestellt?	☐	☐	☐
▪ Hast du im **Hauptteil** in einzelnen Absätzen wichtige Aspekte zum Thema dargestellt?	☐	☐	☐
▪ Hast du zum **Schluss** Informationen zusammengefasst, ein Fazit gezogen oder eine Empfehlung formuliert?	☐	☐	☐
▪ Passt deine **Überschrift** zum Inhalt des gesamten Textes?	☐	☐	☐
▪ Hast du deinen Text nach **Gliederungspunkten** sinnvoll aufgebaut?	☐	☐	☐
▪ Hast du die Informationen **sachlich** und für die Adressaten **gut verständlich** dargestellt?	☐	☐	☐
▪ Hast du **Fremdwörter und Fachbegriffe** im Text ausreichend geklärt?	☐	☐	☐
▪ Hast du die Informationen **mit eigenen Worten** formuliert und **Zitate** gekennzeichnet?	☐	☐	☐
▪ Hast du **Überleitungen** formuliert und Zusammenhänge sprachlich verdeutlicht?	☐	☐	☐
▪ Hast du die Gliederung deines Textes durch Absätze deutlich gemacht?	☐	☐	☐
▪ Stimmen Rechtschreibung und Zeichensetzung?	☐	☐	☐

6 **Welche Bilder könnten zu deinem Informationstext passen? Beschreibe sie kurz in Stichpunkten oder fertige eine Skizze für eine passende Grafik an.**

Argumentieren – Umgang mit Gewalt

Eine Pro-und-Kontra-Erörterung verfassen

Information **Argumentieren: Meinung, Begründung, Beispiel**

In einer **Erörterung** argumentierst du zu einer **strittigen Frage,** z. B.: *Soll Videoüberwachung an allen deutschen Schulen eingeführt werden?*
Lege deinen **Standpunkt** fest: Bist du **dafür (pro)** oder **dagegen (kontra)?** Formuliere dazu eine Meinung und stütze diese durch überzeugende Begründungen (Argumente) und Beispiele/Belege:

- **Meinung** (Behauptung), z. B.: *Ich möchte, dass Videoüberwachungsanlagen eingerichtet werden, ...*
- **Begründung** (Argument), z. B.: *... weil sie Gewaltübergriffe reduzieren.*
- **Beispiel/Beleg** zur Veranschaulichung, z. B.: *Schuldige können beispielsweise sofort angesprochen werden.*

1 **In der Georg-Büchner-Realschule kam es zu Gewalt und mutwilliger Zerstörung. Deshalb plant die Schule, eine Videoüberwachung einzuführen. In einem Internetblog wird darüber diskutiert. Lies die Kommentare.**

Haiku 08.08.20xx ☐ pro ☐ kontra

Videoüberwachung wird Gewalt nicht reduzieren. Das erfolgreichste Konzept ist gegenseitiger Respekt. Ausgrenzung, Mobbing oder Gewalt kann man nicht mit Kameras begegnen, sondern nur, indem man eine Kultur des gegenseitigen Respekts aufbaut (z. B. durch Erziehung, Regeln und Präventionsmaßnahmen).

Bazille ☐ pro ☐ kontra

Das kostet viel zu viel Geld und die Privatsphäre wird missachtet. Wo bleiben der Datenschutz und das juristische Fachwissen? Das ist nicht gut. Soll die Sekretärin oder der Hausmeister das Videomaterial durchsehen? Schulen sind keine Hochsicherheitstrakte, ich bin gegen Überwachung!

Vital ☐ pro ☐ kontra

Videoüberwachung bedeutet: Ich traue niemandem. Vertrauen (zwischen Schülern und Lehrern) ist wichtig. Traut die Schule den Schülern nicht mehr, werden die Schüler auch der Schule nicht mehr trauen. Dies verträgt sich nicht mit dem pädagogischen Auftrag der Schule, Schüler zu selbstbestimmten, mündigen Bürgern zu erziehen. Lehrer und Schüler sollten z. B. gemeinsam Aufsicht führen, um gemeinsam Gefahren entgegenzuwirken, oder Schüler als „Hausmeisterassistenten“ in den Eingangsbereichen einsetzen.

Azur ☐ pro ☐ kontra

Kameras eignen sich schon als Präventionsmaßnahmen, um z. B. Vandalismus oder Einbrüche abzuwehren. Sowohl Schüler als auch das Schulpersonal hätten das Gefühl von Sicherheit am Arbeitsplatz. Etwa Diebstahl oder Gewaltakte ließen sich per Video dokumentieren und viel rascher aufklären.

Lilli ☐ pro ☐ kontra

Ich halte die technische Überwachung generell für sinnvoll. Erpressungen oder Drogenkriminalität ließen sich dadurch reduzieren. Allerdings bitte nur außerhalb der Unterrichtsräume. Im Fahrradkeller oder bei den Schließfächern könnte ich mir das gut vorstellen.

2 **Welche strittige Frage wird in dem Blog diskutiert? Formuliere sie in eigenen Worten.**

Soll an der Schule

3 **a** **Kreuze bei jedem Kommentar im Blog den Standpunkt an: Argumentiert er pro (für) oder kontra (gegen)?**
b **Markiere in jedem Blogbeitrag die Meinung rot, Argumente grün und Beispiele/Belege blau.**

Methode **Eine Pro-und-Kontra-Erörterung verfassen**

In einer **Pro-und-Kontra-Erörterung** stellst du deine Meinung zu einer **strittigen Frage** dar, gehst dabei auf **Argumente für** (pro) und **gegen** (kontra) diese Position ein und wägst sie gegeneinander ab.

- **Einleitung:** Führe in das Thema ein und wecke das Interesse der Leser/-innen (▶ Aufgabe 5). Wiederhole die strittige Frage.
- **Hauptteil:** Formuliere deine **Meinung** zu der strittigen Frage.
- Lege die **Pro- und Kontra-Argumente** (einschließlich **Beispielen/Belegen**) dar. Die Argumente können unterschiedlich angeordnet sein (▶ Schaubild rechts).
- **Schluss:** Fasse deine Meinung als Fazit zusammen (eindeutig pro, eindeutig kontra oder einschränkend). Runde das Thema z. B. mit einem Wunsch oder einem Appell ab.

Pro und Kontra in Blöcken
(Sanduhr-Schema)

Gegenposition
Argument 1
Argument 2
...
Eigene Position
Argument 1
Argument 2
...
Fazit

Laufender Wechsel von Pro- und Kontra-Argumenten
(Ping-Pong-Schema)

Argument **pro**
Argument **kontra**
Argument **pro**
Argument **kontra**
...
Fazit

4 **a** **Plane eine Pro-und-Kontra-Erörterung zu der strittigen Frage (▶ S. 14, Aufgabe 2). Erstelle als Schreibplan in deinem Heft eine Tabelle nach dem Muster unten. Notiere darin Argumente für (pro) und gegen (kontra) die strittige Frage (hier: Videoüberwachung an der Schule).**

b **Notiere darunter deine Meinung. Gewichte deine Argumente (1 = stärkstes Argument usw.).**

Pro-Argumente	Kontra-Argumente
...	...

5 **a** **Die Einleitung kann auf unterschiedliche Weise Interesse wecken. Lies die Möglichkeiten 1 bis 4.**

b **Notiere bei den Einleitungen A bis D jeweils, welche der Möglichkeiten (1–4) gewählt wurde.**

1 aktuelles oder historisches Beispiel

2 persönliches Erlebnis

3 Zitat einer Expertin / eines Experten

4 allgemeine Bedeutung des Problems aufzeigen

☐ A Zum Beginn des neuen Schuljahrs wurde an einigen Schulen unserer Stadt Videoüberwachung installiert. Das bedeutet, dass vor allem außerhalb der Schulgebäude Kameras zur Überwachung des Schulgeländes eingesetzt werden. ...

☐ B Nachdem mir mein Fahrrad im Fahrradkeller des Sportvereins gestohlen worden war, konnte der Täter mit Hilfe der Videoüberwachung sehr schnell gefunden werden. ...

☐ C Videoüberwachung ist ein enormer Eingriff in den Datenschutz der aufgezeichneten Personen. Was geschieht mit den Aufzeichnungen? ...

☐ D „Es muss einen Anlass geben. Wenn noch nie etwas vorgefallen ist, kann der Schulträger nicht entscheiden: Ich hänge mal ein paar Kameras auf“, sagt Dieter Kugelmann, Landesdatenschutzbeauftragter von Rheinland-Pfalz. ...*

c **Übernimm eine Einleitung deiner Wahl (A, B, C oder D) in dein Heft und setze sie fort. Beende sie mit der strittigen Frage. Wähle dafür eine der Formulierungen aus.**

Deshalb stellt sich die Frage: ...
Im Folgenden soll erörtert werden, was für und was gegen ...

6 **a** **Lies den Auszug aus dem Hauptteil einer Erörterung. Markiere Überleitungen und Verknüpfungswörter.**
b **Untersuche den Aufbau der Erörterung. Kreuze Zutreffendes an.**

☐ A Pro und Kontra in Blöcken ☐ B Laufender Wechsel von Pro- und Kontra-Argumenten

> Befürworter behaupten, dass Videoüberwachung für mehr Sicherheit auf dem Schulgelände sorgt. Denn Übeltäter, etwa bei einer Prügelei, können schneller gefasst werden, weil man sie durch einen direkten Mitschnitt oder spätere Einsicht der Videoaufnahmen ermitteln kann. Videoüberwachung auf öffentlichen Plätzen (beispielsweise auf Märkten, in U-Bahnstationen) zeigt, dass Straftaten oder Regelüberschreitungen durch Videobeweise aufgedeckt werden. Außerdem kann man Straftaten wie mutwilliger Zerstörung oder Diebstahl mit Hilfe von Kameras präventiv entgegenwirken. Darüber hinaus könnte die Drogenkriminalität auf dem Schulgelände durch Videoüberwachung reduziert werden, weil sich zum Beispiel Dealer und Konsumenten beobachtet fühlen.
> Dem steht allerdings entgegen, dass ...

7 **Verfasse einen vollständigen eigenen Hauptteil. Formuliere zuerst deine Position. Nutze für die anschließende Argumentation deine Übersicht aus Aufgabe 4 (▶ S. 15) sowie eigene Argumente. Der Kasten bietet dir Formulierungshilfen für Verknüpfungen und Überleitungen.**

begründen	Ein Argument für/gegen • weil • da • denn • Hinzu kommt • Außerdem • Darüber hinaus
belegen	zum Beispiel • beispielsweise • etwa • als Beispiel/Beleg lässt sich anführen
einschränken	Fraglich ist allerdings ... • Einwenden könnte man, dass ... • Es ist jedoch zu bedenken ...
widersprechen	Dies wird durch ... widerlegt • Dem widerspricht ... • Dem steht entgegen, dass ...

8 **a** **Formuliere im Schluss ein Fazit, das deinen Standpunkt verdeutlicht. Nutze den Kasten unten.**
b **Runde das Thema durch einen weiterführenden Gedanken, einen Wunsch oder einen Appell ab.**

> Ich bin eindeutig der Meinung, dass ... • Unter der Bedingung, dass ..., bin ich der Überzeugung, dass ... •
> Wenn ich die Argumente für und gegen ... abwäge, dann komme ich zu dem Schluss, dass ... •
> Sicherlich kann man einwenden, dass ... Jedoch darf man nicht übersehen, dass ... •
> Ein sinnvoller Kompromiss könnte sein ...

9 **Prüfe deine Pro-und-Kontra-Erörterung mit der Checkliste und überarbeite sie.**

Checkliste

Eine Pro-und-Kontra-Erörterung verfassen

	☺	😐	☹
▪ Hast du in der **Einleitung** zum Thema hingeführt und die strittige Frage verdeutlicht?	☐	☐	☐
▪ Hast du zu Beginn des **Hauptteils** deine Meinung deutlich formuliert?			
▪ Hast du die Pro- und die Kontraposition mit zwei bis drei überzeugenden Argumenten	☐	☐	☐
(mit Belegen/Beispielen) angeführt?	☐	☐	☐
▪ Hast du Gegenargumente genannt und entkräftet?			
▪ Hast du das vorhandene Material genutzt, um Argumente zu finden?	☐	☐	☐
▪ Hast du im **Schluss** in einem Fazit deine Meinung deutlich formuliert und das Thema	☐	☐	☐
(z. B. mit einem Wunsch oder einem Appell) abgerundet?	☐	☐	☐

10 **Formuliere einen eigenen Blogbeitrag zu dem Thema.**

Eine textbasierte Erörterung verfassen

Methode **Die Textvorlage untersuchen**

Eine **textbasierte Erörterung** verlangt eine genaue Auseinandersetzung mit dem Text **(Textanalyse):**
- Um welches **Thema** geht es in dem Text? Welche **Meinung** wird vertreten?
- Mit welchen **Argumenten** wird diese Meinung gestützt? Wie überzeugend wirken sie?
- Welche **Gegenargumente** werden im Text angeführt?
- Werden auffällige **sprachliche Gestaltungsmittel** verwendet? Wie wirken sie?
- Welche **Aussageabsicht (Intention)** verfolgt der Text? Will er informieren? Wertet er?

1 **a** **Lies die Überschrift und den Vorspann des Artikels und betrachte die Abbildung.**
b **Lege im Heft einen Cluster nach dem Muster an. Notiere darin, was du über das Thema weißt.**
c **Überfliege den Text und erweitere anschließend deinen Cluster.**

Lisa Ludwig

Kampf mit Worten statt mit Fäusten (2014)

Immer wieder steht Rap, insbesondere der Gangsta-Rap, in der Kritik: Gewaltverherrlichung und Aufruf zu kriminellem Verhalten. Doch bringen die harten Inhalte Fans wirklich auf die schiefe Bahn?

1 Tatort: Ein Spielplatz. Zwei Mädchen im Teenageralter treten und schlagen auf ein drittes ein und lassen erst von ihm ab, als sich ein anwesender Junge halbherzig einmischt. Die Boulevardpresse findet schnell eine Bezeichnung für jenen Teil der Jugend, der sich im sogenannten „Stammeldeutsch" in Prügelvideos auf YouTube über die Opfer auch noch lustig macht: „Generation Bushido", titelte die BILD. Jugendliche werden immer respektloser und gewalttätiger, heißt es in den Medien, und schuld daran sei eine Musikrichtung [...]. Folgt man diesen Medien, die im Januar mit Schlagzeilen wie „Gewalt, Hass, Sex" titeln, hat es den Anschein, als habe das Subgenre[1] einer Musiksparte zu unglaublichem Einfluss gebracht: Gangsta-Rap von Künstlern wie Kollegah, Farid Bang, Bushido oder Haftbefehl [...] erzieht Jugendliche zu brutalen, kriminellen und sexistischen Soziopathen[2] – so wird es zumindest suggeriert.

2 Tatsächlich entstand Rap aber im New York der 1970er-Jahre, um genau solchen Entwicklungen entgegenzuwirken. Statt in einer körperlichen Auseinandersetzung sollten Kontrahenten[3] ihre Probleme mit Worten klären. Aus den oft blutig endenden Kämpfen sollte ein kreativer Wettstreit um die besten Zeilen werden. Diesen Battle-Charakter[4] hat Rap niemals verloren. [...]

3 Viele sind Bushido & Co [...] gefolgt. Indem sie ihre eigene Geschichte erzählen, ihr Selbst ausdrücken und durch Musik verwirklichen, eröffnet das Genre[5] Jugendlichen, unabhängig vom gesellschaftlichen Stand, neue Möglichkeiten und Perspektiven. Sei es als Hobby, das sie von der Straße holt und motiviert, oder tatsächlich als berufliche Perspektive. [...] Rap, auch Gangsta-Rap, kann helfen, schwierige Lebenslagen wie Gewalt oder soziale Ungerechtigkeit in etwas Kreatives zu verwandeln.

4 Aber Gangsta-Rap ist auch ein Film für die Ohren, [...] dem „ohne ein Wissen um szenetypische Kontexte und Bedeutungen", so der Soziologe Christoph Liell, gerne einmal jegliche künstlerische Daseinsberechtigung abgesprochen wird. [...] Dennoch gibt es bisher keine einzige empirische Studie, die eine Verbindung zwischen ausgeübter Kriminalität und Gangsta-Rap herstellen konnte. [...]

5 Natürlich gibt es da auch die andere Seite. Die, die jede Kritik am kriminellen Vorbildpotenzial von gewaltverherrlichenden, diskriminierenden oder frauenfeindlichen Gangsta-Tönen und dem kommerziellen Erfolg ihrer Vertreter zu bestätigen scheint. [...] Wenn insbesondere junge Menschen den ganzen

Tag hören, wie vermeintlich erstrebenswert Selbstjustiz, Drogenhandel und die allgemeine Missachtung des deutschen Rechtsstaats sind – wie sollten sie davon nicht negativ beeinflusst werden? So lautet entsprechend auch das Hauptargument der Kritiker.

6 Wenn sich junge Menschen in ihren Ängsten und ihrer Wut allein gelassen fühlen, dann braucht es vielleicht jemanden wie den Frankfurter Azad, der rappt: „Wir sind die Letzten in der langen Schlange zur Kasse des Lebens.“ [...] Sollte jemand genau in diesem Rap-Part ein Ventil finden und mit etwas weniger Aggression im Bauch zur Schule gehen – dann hat die Musik ihre Rolle erfüllt.

(Quelle: Fluter. Magazin der Bundeszentrale für politische Bildung. www.fluter.de, 02.02.2014)*

1, 5 das Subgenre, das Genre: die (untergeordnete) Stilrichtung der Musik
2 der Soziopath: eine psychisch gestörte Person
3 der Kontrahent: der Gegner
4 der Battle-Charakter: der Kampfcharakter (zu engl. battle = der Kampf)

2 a **Lies den Text ein zweites Mal – nun gründlich.**

b **Untersuche die Argumentation: Übernimm die Tabelle in ein Heft. Notiere die zentralen Argumente und halte jeweils die Intention fest.**

Absatz	Argument	Intention
1	*Gangsta-Rap verleitet zu Respektlosigkeit, Gewalttaten, Sexismus.*	*Leser mit Meinungen zu dem Thema konfrontieren*
2	*Gangsta-Rap entstand, damit Konflikte mit Worten statt mit körperlicher Gewalt ausgetragen werden.*	*über Entstehung des Gangsta-Raps sachlich aufklären*
3	...	...
4	...	*mit Expertenwissen (Zitat eines Soziologen, empirische Belege) Gegenargumente widerlegen*
5	...	*beweisen, dass man Gegenargumente kennt*
6	*Gangsta-Rap kann als Ventil zum Abbau von Aggressionen und negativen Gefühlen wirken.*	...

c **Fasse die Intention (Absicht) und die Position der Autorin knapp zusammen. Setze den Text fort.**

Die Autorin möchte Aussagen über den schädlichen Einfluss des Gangsta-Rap auf Jugendliche widerlegen und über die Ursprünge des Musikstils informieren. Sie ist der Meinung ...

____

____

3 **Mit geeigneten sprachlichen Mitteln kann man eine Argumentation ausdrucksvoll unterstützen.**

a **Im Text sind Beispiele für sprachliche Mittel markiert. Markiere unten die passenden Bezeichnungen in der gleichen Farbe.**

b **Ergänze die Zeilennummern und ordne die jeweilige Wirkung durch Pfeile zu.**

Fachausdrücke (Z. 1, 17, 18, 34)	wirken anschaulich: zeigen, wie Rap funktioniert
Aufzählungen (Z. 21, 50 - 52)	wirken sachkundig und glaubhaft: Autorin ist informiert
bildhafte Ausdrücke (Z. 10, 41, 65)	zeigen Vielfalt: Autorin kennt Gegenargumente

4 **Verfasse auf der Grundlage deiner Vorarbeiten in deinem Heft eine textbasierte Erörterung. Übertrage die Einleitung in dein Heft und vervollständige sie.**

Eltern sind oft entsetzt, wenn ihre Kinder Musik hören, in der es um Mord und Totschlag, Opfer und Feinde geht. In dem Artikel „...“, der am ... in der Jugendzeitschrift „...“ veröffentlicht wurde, setzt sich die Autorin ... mit der Frage auseinander, ob ...

5 **Beginne den Hauptteil mit der Textanalyse: Beschreibe die Position der Autorin, fasse ihren Argumentationsgang zusammen und erläutere die sprachlichen Gestaltungsmittel, die sie dafür verwendet. Nutze deine Vorarbeiten aus den Aufgaben 2 und 3 (▶ S. 18). Du kannst so beginnen:**

Die Position der Verfasserin lässt sich dem Text eindeutig entnehmen. Sie vertritt ...
Das zeigt bereits der Titel.

6 a **Welche Meinung vertrittst du in dieser Frage? Kreuze an.**

☐ Zustimmung ☐ Ablehnung

b **Setze dich im Erörterungsteil des Aufsatzes mit den Argumenten des Textes kritisch auseinander. Formuliere deine eigene Position und stütze sie durch Argumente und Beispiele/Belege. Entkräfte Gegenargumente. Wähle aus dem Kasten geeignete Formulierungen aus.**

Lisa Ludwig hebt hervor, dass ... • Zu bedenken ist jedoch, dass ... • Außerdem möchte ich einwenden ... • Die Aussage ... erscheint zwar richtig, vergisst aber ... • Wer behauptet ..., lässt außer Acht, dass ... • Wie die Autorin meine ich ... • Ich stimme Lisa Ludwig zu, denn ...

7 **Fasse im Schluss deinen Standpunkt zusammen und formuliere einen Wunsch oder einen Appell. Du kannst mit einer Formulierung aus dem Kasten beginnen.**

Wenn ich ... und ... gegeneinander abwäge, komme ich zu dem Schluss ... • Ich bin der Meinung, dass ...

8 **Prüfe deine textbasierte Erörterung mit der Checkliste und überarbeite sie.**

Checkliste

Eine textbasierte Erörterung schreiben

	☺	😐	☹
■ Hast du in der **Einleitung** in das Thema eingeführt und Angaben zur Textvorlage gemacht?	☐	☐	☐
■ Hast du im **Hauptteil** bei der **Textanalyse** Kerngedanken, Thesen und Argumente zusammengefasst?	☐	☐	☐
■ Hast du die Intention des Textes dargelegt?	☐	☐	☐
■ Hast du die sprachlichen Gestaltungsmittel analysiert?	☐	☐	☐
■ Hast du bei der **Erörterung** kritisch die Argumente der Textvorlage beleuchtet?	☐	☐	☐
■ Hast du deine Position durch überzeugende Argumente und Beispiele/Belege gestützt?	☐	☐	☐
■ Hast du Gegenargumente angeführt und sie entkräftet?	☐	☐	☐
■ Hast du Zusammenhänge sprachlich durch Verknüpfungen deutlich gemacht?	☐	☐	☐
■ Hast du im **Schluss** deinen Standpunkt gut zusammengefasst?	☐	☐	☐
■ Hast du einen Wunsch oder Appell formuliert?	☐	☐	☐

9 **Welche Gangsta-Rapper oder -Rapperinnen kennst du? Notiere ihre Namen und was du über sie weißt. Du kannst auch im Internet recherchieren.**

Ein Bewerbungsanschreiben verfassen – „beFit"

Information **Schreibplan für ein Bewerbungsschreiben per Brief oder E-Mail**

Das **Bewerbungsschreiben** ist ein **sachlicher Brief** mit folgenden Bausteinen:
- **Briefkopf** (Absender, Empfänger, Ort, Datum)
- **Betreffzeile** (Briefanlass in Stichworten: Bewerbung um ...)
- **höfliche Anrede,** wenn bekannt: mit dem Namen *(Sehr geehrte Frau ... / Sehr geehrter Herr ...)*
- **übersichtlich gegliederter Brieftext:**
  - Einleitung (Bezugnahme auf die Stellenanzeige)
  - Hauptteil (Gründe für das Interesse an der Stelle, Fähigkeiten und Erfahrungen)
  - Schluss (Bitte um Einladung zu einem Vorstellungsgespräch)
- **Grußformel** *(Mit freundlichen Grüßen)* und handschriftliche **Unterschrift**
- Hinweis auf **Anlagen** (z. B: Lebenslauf, Zeugnisse, Praktikumsbescheinigungen)

Verwende **höfliche, sachliche Formulierungen** und prüfe die **Rechtschreibung** sehr genau.
Achte auf eine **saubere äußere Form.** Vermeide vorgefertigte Standardanschreiben.

Heute werden häufig **Bewerbungen per E-Mail** versandt. Dann wird das Bewerbungsschreiben entweder direkt **in die E-Mail kopiert** oder mit den anderen Anlagen **als PDF angefügt.** Im zweiten Fall ist ein weiteres Anschreiben nötig (▶ S. 21, Aufgabe 4).
- Nutze eine **seriöse, persönliche E-Mail-Adresse** als Absender.
- Notiere im **Betreff** präzise, worum es in der E-Mail geht *(Bewerbung um ...)*.
- Nenne deine **Kontaktdaten** (Name, Anschrift, Telefonnummer, E-Mail-Adresse) unter deinem Namen.
- Fasse die **Bewerbungsunterlagen** in einer **PDF-Datei** zusammen und füge sie der E-Mail an.
- Achte auf korrekte **Rechtschreibung** und einen **sachlichen Stil,** verwende keine Abkürzungen und Smileys.

1 **Untersuche die folgende Stellenanzeige für einen Ausbildungsplatz.**

a **Markiere alle wichtigen Fakten gelb: Berufsbezeichnung, Name des Ausbildungsbetriebs, Adresse, Ansprechpartner/-in, Ausbildungsbeginn.**

b **Markiere die Anforderungen an Bewerberinnen und Bewerber grün.**

Sie lieben Sport und können andere dafür begeistern?
Sie denken kaufmännisch, rechnen, planen und organisieren gern?
Sie suchen einen abwechslungsreichen Karriereeinstieg im Bereich „Fitness und Sport"?

beFit, das etwas andere Fitnessstudio, sucht zum 01. September 20XX zwei zuverlässige und verantwortungsbewusste

Auszubildende für den Beruf

der Sport- und Fitnesskauffrau / des Sport- und Fitnesskaufmanns

Wir sind ein engagiertes junges Team mit vielfältigen Fähigkeiten.
Wir lieben die Arbeit mit Menschen. Die persönliche Betreuung unserer Kunden steht an oberster Stelle.
Wir entwickeln uns und unser Studio ständig weiter – im Büro und im Sportbereich.
Ungewöhnliche Arbeitszeiten sind für uns kein Problem.

Wir haben Ihr Interesse geweckt? Bewerben Sie sich bis zum Monatsende!
beFit GmbH • Martina Rosner • Birkenallee 72 • 12345 Musterstadt • martina-rosner@beFit
Weitere Informationen unter *www.beFit_fitnessundmehr.com*

2 **a** **Lies den Kurztext über Mila Droste im Jahrbuch der Klasse 10 der Pestalozzi-Realschule.**
b **Markiere, was sie in eine Bewerbung für den Ausbildungsplatz als Sport- und Fitnesskauffrau (▶ S. 20) aufnehmen kann.**

Mila Droste ist in der 10 a. Angestrebter Abschluss: Fachoberschulreife. Lieblingsfächer: Sport und Mathematik. Computerkenntnisse: Word, PowerPoint, Excel. Mila ist in der Schule Sportsanitäterin. In ihrer Freizeit engagiert sie sich im Hockeyverein: Sie spielt selbst, trainiert die F-Jugend, organisiert Turniere und pflegt die Website des Vereins. Außerdem liebt Mila Tanzen und Leichtathletik. Seit drei Jahren ist sie Gruppenleiterin bei den Pfadfindern.

3 **a** **Für ihre Bewerbung hat Mila den Brieftext vorgeschrieben. Ergänze ihre Notizen und formuliere das vollständige Bewerbungsanschreiben am Computer. Denke an den Briefkopf, die Betreffzeile und den Hinweis auf Anlagen.**
b **Welches Praktikum passt zu Mila: in einer Tanzschule oder im Museum? Ergänze dazu ein oder zwei Sätze am Schluss des Hauptteils.**

Sehr geehrte Frau ...,

mit großem Interesse habe ich Ihre Ausschreibung eines ... als ... ab ... gelesen. Hiermit möchte ich mich ...

Zurzeit besuche ich die ... der ..., an der ich im Juni die ... erreichen werde.
Da ... und ... meine Lieblingsfächer sind und ich ..., strebe ich eine Ausbildung im Bereich „Sport und Gesundheit“ an, die kaufmännische Arbeiten im ... und die Begegnung mit Menschen im ... verbindet.
Ich verfüge über gute Computerkenntnisse in ... und spreche gut Englisch.
Seit vielen Jahren treibe ich aktiv Sport: Ich ...
Teamgeist, Zuverlässigkeit und Verantwortungsbewusstsein habe ich als ..., als ... und im Sportverein bewiesen. Im Hockeyverein ...
Während eines Schülerpraktikums ...

Über eine Einladung zu ...

Mit ...

4 **Lies, was im Merkkasten (▶ S. 20) über eine Bewerbung per E-Mail steht. Überprüfe Milas E-Mail-Anschreiben genau.**
a **Markiere Fehler und ergänze fehlende Angaben.**
b **Verfasse am PC ein korrektes E-Mail-Anschreiben für Milas Bewerbung.**

VORSICHT FEHLER!

SENDEN	**Von:**	milamaus@abx.de
	An:	martina-rosner@beFit
	Betreff:	
	Angefügt:	

Sehr geehrte Damen und Herren,

anbei sende ich ihnen meine Bewerbungsunterlagen. ☺
Dank Ihrer interessanten Ausschreibung bin ich davon überzeugt, dass ich die Richtige für den Einsatz in Ihrem Team bin. Sehr gerne stelle ich mich Ihnen persönlich vor.

Mila Droste

5 **Welche Anlagen muss Mila mitschicken? Notiere wichtige Dokumente unter dem Anschreiben.**

Einen Sachtext analysieren – „Selfie-Wahn-Sinn!“

Methode **Einen Sachtext analysieren**

In **Sachtexten** verfolgen die Autoren unterschiedliche **Absichten.** Man unterscheidet Sachtexte, die **sachlich informieren** (z. B. der Bericht), Sachtexte, die eine **Meinung darstellen** und versuchen, zu **überzeugen** (z. B. der Kommentar), sowie Sachtexte, die **informieren und unterhalten** (z. B. die Reportage).
Analysiere folgende Aspekte des Textes:

1 **Inhalt und Argumentation:**
- Um welches Thema geht es? Was sind die Kernaussagen?
- Welche Meinung vertritt die Autorin / der Autor?
- Welche Argumente werden angeführt? Werden Gegenargumente berücksichtigt?

2 **Wirkungsabsicht (Intention):**
- Will die Autorin / der Autor über einen Sachverhalt informieren oder informieren und unterhalten?
- Bezieht die Autorin / der Autor zu einem Thema Stellung und will die Leser überzeugen?

3 **Sprachliche Mittel und ihre Wirkung:**
- Wortwahl (z. B. Fachbegriffe/Fremdwörter, Jugendsprache)
- Leseransprache: Werden die Leser direkt angesprochen?
- rhetorische Stilmittel (z. B. Wiederholungen, sprachliche Bilder, Übertreibungen, Wortspiele)

Schritt 1: Text und Grafik lesen und verstehen

1 **Lies den folgenden Zeitschriftenartikel und arbeite mit dem Text.**
a **Markiere aussagekräftige Textstellen (Schlüsselwörter) gelb.**
b **Unterstreiche unbekannte Wörter, z. B. Fachbegriffe.**
c **Nutze die Randspalte für Notizen.**

Marlene Mühlenbach

„Selfie-Wahn-Sinn!“ (2019)

Jeder macht es, es ist nichts Besonderes: das Selfie. Wer von uns kennt das nicht? Man kauft sich ein neues Outfit, man besucht einen eindrucksvollen Ort, sofort folgt der Griff zum Handy und der Moment wird eingefangen und geteilt. Je verrückter, absurder oder ungewöhnlicher die Situation ist, desto besser kommt sie an, von Selfies im Weltraum über Selbstdarstellungen im Krankenhaus bis hin zur geschmacklosen Aufnahme bei Beerdigungen.

Skepsis/ Ablehnung!

So alt wie die Menschheit, so alt ist auch der Wunsch nach Selbstdarstellung. Schon mit Höhlenzeichnungen oder auf Bildnissen im alten Ägypten wollten sich Menschen verewigen. Maler wie Albrecht Dürer schufen Selbstbildnisse. In vergangenen Epochen wurden Porträtgemälde für viel Geld in Auftrag gegeben und der Entstehungsprozess dauerte Wochen oder Monate. Heute lichtet sich jeder selbst ab, ohne lange darüber nachzudenken, kostenlos, in Echtzeit und immer wieder veränderbar.

Nationale Onlinebefragungen bestätigen, dass ca. 85 % der interviewten Personen Selfies von sich machen. Davon nehmen 26 % täglich, 14 % mehrmals täglich und 39 % wöchentlich ein Bild von sich auf.

Was steckt hinter der Selfie-Manie? Das Marktforschungsinstitut YouGov hat bei Umfragen die häufigsten Gründe für Selfies ermittelt. Die Befragten gaben an, dass sie mit anderen teilen möchten, was sie gerade machen, dass sie Selfies aufnehmen, um zu zeigen, was für ein schönes Leben sie haben oder wie schön sie sind. Nüchtern betrachtet sind Selfies nichts anderes als extreme Selbstverliebtheit und die narzisstische Sehnsucht nach Anerkennung! Purer Egoismus!

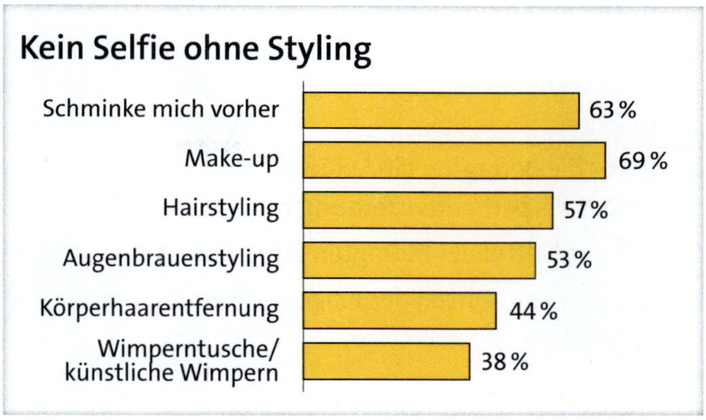

Für die Selbstporträts wird nichts dem Zufall überlassen. Alles wird kontrolliert. Zur perfekten Inszenierung gehören ein gründliches Styling, ein gekonntes Posing, ein perfekter Hintergrund genauso wie der richtige Blick in die Kamera. Man ist so schön spontan, spontan schön! Die Generation Selfie konstruiert jedes einzelne Bild peinlichst genau, Kosmetik und Make-up sind dabei wichtige Helfer für die Perfektions- und Kontrollwünsche.
Paradoxerweise sollen die Selfies ja ganz natürlich aussehen, um sie auf Instagram, Snapchat und Co. oder in sozialen Netzwerken mit Tausenden von Followern zu teilen. Ist es schließlich die Anzahl der Likes, die im Nachhinein belegt, ob das, was man erlebt hat, gut war?
Selfies dienen allerdings auch dazu, wie der Name schon nahelegt, „sich selbst zu finden“, und dies geschieht aus psychologischer Sicht in Abgrenzung zu anderen – zu Eltern, Freunden, Lehrern. Anders sein, etwas Besonderes sein! Natürlich besteht aber auch der Wunsch dazuzugehören: zur Gruppe, zu den Freunden, der Community im Netz. Jugendliche wollen mitmachen bei Trends, hip und aktuell sein, sie wissen, was angesagt ist, und möchten das auch präsentieren. Dabei verwenden Teenager Selfie-Codes wie eine Geheimsprache und finden ihren eigenen Stil, mit dem sie sich von den Erwachsenen abgrenzen können.
Wie schön wäre es doch, wenn wir statt eines Lebens in der Rückblende und der Sucht nach einem Fake-Lächeln auf der Selbstfotografie den Mut hätten, ungeschminkt und ohne Kontrolle spontan zu bleiben und dem Gegenüber direkt zu begegnen.

2 **Benenne das Thema des Textes.**

____

3 **Welche Aussage zu der im Text dargestellten Position trifft zu? Kreuze an und begründe deine Wahl.**

A ☐ In dem Text wird das durch Selfies ausgelöste Konsumverhalten von Jugendlichen hinterfragt, indem Aussagen verschiedener Experten gegenübergestellt werden.

B ☐ In dem Text wird über die Angewohnheit, ständig Selfies von sich aufzunehmen, informiert. Weiterhin stellt die Autorin Gründe für diesen Trend dar und bewertet ihn kritisch.

Begründung: ______________________________

____

4 **Die folgenden Begriffe werden im Text verwendet. Erkläre ihre Bedeutung: Ziehe Verbindungslinien.**

A	Manie (Z. 15)
B	narzisstisch (Z. 19)
C	Inszenierung (Z. 22 f.)
D	Posing (Z. 24)
E	paradox (Z. 30)
F	Follower (Z. 32)
G	Code (Z. 39)
H	Fake (Z. 42)

1	Anhänger/-in einer Person in einem sozialen Netzwerk
2	*aus dem Engl.:* gefälscht, nachgemacht, vorgetäuscht
3	selbstsüchtig, übertrieben eitel
4	Aufführung, Vorstellung
5	Besessenheit, krankhafte Leidenschaft
6	widersprüchlich, merkwürdig
7	*aus dem Engl.:* Zurschaustellung, Posieren
8	in der Kommunikation bestimmte Sprache zwischen Sender und Empfänger

5 **Erschließe die Grafik: Kreuze an, ob die Aussagen A bis D richtig oder falsch sind.**

		richtig	falsch
A	36 Prozent der Befragten gaben an, dass sie sich schminken, bevor sie ein Selfie von sich machen.	☐	☐
B	Bevor die Befragten ein Selfie machen, kommt dem Hairstyling eine höhere Bedeutung als der Körperhaarentfernung zu.	☐	☐
C	Gut ein Drittel der Befragten gibt an, dass sie vor einem Selfie Make-up auftragen.	☐	☐
D	Nur etwa ein Drittel derjenigen, die ein Bild von sich selbst aufnehmen, tun dies ungeschminkt.	☐	☐

Schritt 2: Aufbau, Argumentation und sprachliche Mittel analysieren

6 **Lies den Text noch einmal gründlich. Konzentriere dich dabei auf Kernaussagen, den Aufbau und die Argumentation.**

- **Markiere wichtige Argumente, die positive Aspekte des Selfie-Trends hervorheben, blau.**
- **Markiere wichtige Argumente, die das Phänomen kritisch darstellen, grün.**
- **Nutze die Randspalte für Notizen.**

7 **Befürwortet die Autorin den Selfie-Trend oder sieht sie ihn kritisch? Formuliere deinen ersten Eindruck zu ihrer Meinung und begründe ihn.**

Die Meinung der Autorin ist ______________________________

____

____

8 **Gib Kernaussagen des Textes zum Selfie-Trend wieder und untersuche den argumentativen Aufbau: Notiere in der Tabelle stichwortartig zentrale Aussagen und Argumente. Schreibe jeweils dazu, ob es sich um ein Argument pro (für) oder kontra (gegen) den Selfie-Trend handelt.**

Zeilenangaben	Kernaussagen, Argumente	Pro oder kontra Selfies?
Z. 1-5	*Trend zu ständigen Selfies, selbst in absurden und geschmacklosen Situationen*	*kontra*
Z. 6-11	*Kontrast zwischen Selbstbildnissen früher und heute, Selfies werden zahlreich, schnell und unbedacht aufgenommen.*	*kontra*
Z. 12-14	*Beleg Umfrage: Viele Menschen ...*	
Z. 15-20		*kontra*

		pro
	Appell	

9 **Welche Absichten verfolgt die Autorin? Kreuze Zutreffendes an.**
TIPP: Die Autorin verfolgt mehrere Absichten.

Die Autorin möchte ☐ die Leserinnen und Leser informieren ☐ unterhalten ☐ anleiten ☐ zum Nachdenken anregen ☐ auffordern ☐ warnen ☐ beraten ☐ überzeugen.

10 **Untersuche, mit welchen sprachlichen Mitteln die Autorin versucht, ihre Absicht umzusetzen.**

a **Kreuze für jede der Aussagen die passende Wirkung bzw. Intention an.**
Notiere als Belege Zeilenangaben von Beispielen im Text.

A Die Autorin verwendet rhetorische Fragen, um 1 ☐ die Leser direkt anzusprechen und sie zum Nachdenken anzuregen. 2 ☐ ihre eigene Ratlosigkeit bezüglich des Themas zu betonen.	Zeilen: ____
B Die Autorin benutzt häufig Aufzählungen, weil sie 3 ☐ dadurch ihre Position durch mehrere Beispiele belegt. 4 ☐ sich auf diese Weise solidarisch mit den Lesern zeigt.	Zeilen: ____
C Die Autorin zitiert Umfrageergebnisse als Autoritäten, weil 5 ☐ sie dadurch von ihrer persönlichen Meinung ablenken will. 6 ☐ sie fundierte Meinungen und Studienergebnisse darstellen und dadurch seriös wirken möchte.	Zeilen: ____
D Begriffe aus der Jugend- und Netzsprache zeigen, dass 7 ☐ die Autorin sich in der Sache gut auskennt und informiert ist. 8 ☐ die Autorin keinen guten Schreibstil beherrscht.	Zeilen: ____

b **Notiere weitere sprachliche Besonderheiten, z. B. den Gebrauch des Personalpronomens in der 1. Person Plural am Anfang und im letzten Absatz des Textes. Erläutere die Wirkung in Stichpunkten.**

____

____

____

____

Schritt 3: Die Sachtextanalyse schreiben

1 **Formuliere eine informative Einleitung, die Textsorte, Titel, Autorin, Entstehungsjahr und Thema des Textes nennt. Schreibe die gesamte Sachtextanalyse in dein Heft.**

2 **Schreibe den Hauptteil: Fasse zunächst deine Analyseergebnisse zu den Kernaussagen und dem argumentativen Aufbau des Textes zusammen und gib die Meinung der Verfasserin wieder (▶ S. 24–25, Aufgaben 7 und 8). Du kannst die Formulierungshilfen nutzen.**

> Die Autorin informiert zunächst über ... Sie führt Beispiele an, die ... •
> Anhand der Gegenüberstellung von ... verdeutlicht Mühlenbach ... •
> Um ihre ... Haltung zu unterstreichen, nennt sie ... •
> Die ... Position der Verfasserin wird auch darin deutlich, dass ... • Dies belegt sie mit ... •
> Schließlich meint Mühlenbach ... • Die Autorin räumt allerdings ein, dass ... •
> Am Schluss wird der Wunsch der Verfasserin deutlich ... •
> Sie appelliert an ihre Leserinnen und Leser ...

3 **Benenne die Wirkungsabsicht der Autorin und erläutere, wie sie diese Intention mit sprachlichen Gestaltungsmitteln hervorhebt. Nutze deine Vorarbeiten (▶ S. 25, Aufgaben 9 und 10) sowie den Kasten.**

> Die Autorin möchte mit ihrem Artikel informieren, zugleich aber auch ... • Daher zitiert sie einerseits ... •
> Andererseits nutzt sie ..., um ihre Leser ... • Dem gleichen Ziel dienen ... •
> Darüber hinaus verwendet Mühlenbach viele ... • Dadurch verdeutlicht sie ... •
> Mit dem Gebrauch vieler ... beweist die Autorin ... • So nimmt sie Einfluss auf ..., indem sie ... •
> Ihre Position verdeutlicht sie außerdem durch ...

4 **Formuliere am Schluss eine kurze Stellungnahme. Setze einen der Sätze fort.**

> Ich finde ... Die Ansicht, dass ..., kann ich teilen / nicht teilen.
> Der Autorin kann ich zustimmen / nur zum Teil zustimmen / nicht zustimmen, weil ...

5 **Überprüfe deine Sachtextanalyse mit der Checkliste und überarbeite sie.**

Checkliste

Einen Sachtext analysieren

	☺	😐	☹
▪ Hast du in der **Einleitung** Autor/-in, Textsorte, Titel, Erscheinungsjahr und Thema genannt?	☐	☐	☐
▪ Hast du im **Hauptteil** die **wichtigen Aussagen und Argumente** abschnittsweise zusammengefasst?	☐	☐	☐
▪ Hast du die **Argumentationsstruktur** des Textes beschrieben?			
▪ Hast du die **Meinung der Autorin / des Autors** in eigenen Worten wiedergegeben?	☐	☐	☐
▪ Hast du die **Wirkungsabsicht (Intention)** des Textes benannt?	☐	☐	☐
▪ Hast du die **sprachlichen Mittel** und ihre Wirkung beschrieben?	☐	☐	☐
▪ Hast du **wichtige Textstellen** zitiert und ihre Wirkung erklärt?	☐	☐	☐
▪ Hast du am **Schluss Stellung zum Thema** oder **zur Meinung** der Autorin / des Autors genommen?	☐	☐	☐

6 **Kennst du Selfie-Codes? Welche Trends sind derzeit aktuell? Beschreibe und bewerte sie kurz.**

Eine Rede analysieren – „Wir sind Charlie!“

Methode **Eine Rede analysieren**

Eine **Redeanalyse** sollte man wie folgt **aufbauen** und darin folgende **Fragen beantworten:**

1. **Redesituation:** Was ist Anlass der Rede? Welche Rolle spielen Ort und Zeit? Wer ist das Publikum?
2. **Thema, Hauptaussagen:** Wie lautet das Thema der Rede? Was sind die zentralen Aussagen?
3. **Redestrategien und sprachliche Mittel:**
   Welche der folgenden Redestrategien und sprachlichen Mittel fallen auf? Wie wirken sie?
   - **Wortwahl und Sprachstil:** bildhafte Elemente, Vergleiche, Wiederholungen
   - **persönliche Anrede des Publikums:** Anredepronomen, Personalpronomen *wir*
   - **Aufrufe und Appelle,** z. B. durch Modalverben wie *müssen, sollen, wollen*
   - **Fahnen- und Stigmawörter:** Wörter mit einem hohen positiven oder negativen Wert
   - **rhetorische Fragen** (Scheinfragen): Fragen, die die Zuhörer in die Überlegung einbeziehen, obwohl die Antwort bereits klar ist, z. B.: *Wollt ihr wirklich Schwäche zeigen?*
   - **Polarisierungen** zur Verdeutlichung der Unterschiede, etwa durch auf- und abwertende Formulierungen, z. B.: *Freiheit ↔ Gefangenschaft, Demokratie ↔ Diktatur, erschüttern ↔ verteidigen*
4. **Redeabsicht (Intention):** Soll das Publikum informiert, aufgeklärt oder zum Handeln bewegt werden?

Schritt 1: Den Text lesen und verstehen

1 a **Lies die Überschrift und den Vorspann und überfliege die ersten Absätze der Rede.**
b **Beschreibe kurz und treffend die Redesituation und den Redeanlass. Schreibe in dein Heft.**

Joachim Gauck

Zu den Folgen der Anschläge von Paris

zentrale Aussagen

Rede des damaligen Bundespräsidenten Joachim Gauck zum Neujahrsempfang im Schloss Bellevue, gehalten am 9. Januar 2015 in Berlin – zwei Tage nach dem islamistischen Terroranschlag auf die Redaktion der französische Satirezeitschrift „Charlie Hebdo“ am 7. Januar 2015 in Paris, der zahlreiche Todesopfer forderte.

Wie in jedem Jahr versammeln sich hier im Schloss Bellevue Menschen, die unser Land prägen, zum Neujahrsempfang. Aber in diesem Jahr schauen wir Vertreter der offenen Gesellschaft nicht nur uns selber an, sondern wir blicken nach Frankreich. Denn das abscheuliche Verbrechen, das in Paris geschah, das war ein Angriff auf die Freiheit – auf die Freiheit der Franzosen, auf die Freiheit der Europäer, auf die Freiheit der offenen Gesellschaft.

Ort, Anlass
Wir-Form

Stigmawörter
Fahnenwörter
Aufzählung

Wir sind erschüttert und fassungslos. Aber jene, die solche Taten verüben oder damit sympathisieren, auch jene, die daraus Kapital schlagen wollen – ihnen allen sagen wir: Das Attentat erschüttert uns, aber es erschüttert nicht unsere Überzeugungen! Wir werden unsere Freiheit nicht einschränken, wir werden sie gebrauchen. Wir verteidigen gerade jetzt das freie Wort, die Demokratie, die ohne Pressefreiheit ihre Lebenskraft verliert.

Wir stehen ein für die Versammlungsfreiheit und für die Religionsfreiheit – für die Freiheit insgesamt. Ich bin sicher: Unsere Demokratie ist stärker als der Terror.

Und: Wir lassen uns durch Hass nicht spalten.
Als Gemeinschaft der Demokraten stehen wir zusammen. Für uns ist nicht entscheidend, wie jemand heißt oder wer seine Mutter ist, an welchen Gott er glaubt oder welche Feste er feiert. Für uns zählt, was die Verschiedenen miteinander verbindet: das Bekenntnis zu Verfassung, Rechtsstaat und Menschlichkeit. Das ist das Fundament einer Gesellschaft, in der wir alle friedlich miteinander leben können. Dafür setzen sich in diesen Tagen Hunderttausende ein, Anhänger der verschiedensten politischen Lager und Religionen, darunter Christen, Muslime und Juden. Die Botschaft ist ganz eindeutig: Unsere Gemeinschaft ist groß. Und sie ist stark. Wir lassen sie durch Extremisten, gleich welcher Richtung, nicht klein und nicht schwach machen. Wir sind weder ohnmächtig noch hilflos: Wir haben entschlossene Bürger, und wir haben Institutionen und Gesetze, um Fanatismus und Gewalt zu begegnen. Wir trauern um die Opfer von Paris. Wir fühlen mit den Familien. Wir sind solidarisch mit unseren Freunden in Frankreich. Ich schließe mich all denen, den Millionen Menschen an, die auf der ganzen Welt bekennen: Wir sind Charlie![1]

1 „Je suis Charlie!" (frz., „Ich bin Charlie!") ist ein Slogan, der nach dem Terroranschlag auf die französische Satirezeitschrift „Charlie Hebdo" am 7. Januar 2015 entstand. Der Wahlspruch soll die Verbundenheit mit den ermordeten Redaktionsmitgliedern ausdrücken.

2 **a Lies die gesamte Rede und arbeite mit dem Text:**
- **Unterstreiche oder markiere zentrale Aussagen und Auffälligkeiten.**
- **Nutze die Randspalte für Notizen.**

b Kreuze die drei Hauptaussagen an, die Joachim Gauck in dieser Rede besonders wichtig sind.

- ☐ A Der damalige Bundespräsident verurteilt das abscheuliche Verbrechen, das in Paris geschah.
- ☐ B Über das Geschehene darf der Beginn des neuen Jahres nicht vergessen werden.
- ☐ C Gauck geht es um die gemeinsame Wahrung der Freiheitsrechte.
- ☐ D Ein Terrorregime darf ein demokratisches System nicht ablösen.
- ☐ E Die Bürger sollen einig sein, um Verfassung, Rechtsstaat und Menschlichkeit zu verteidigen.
- ☐ F Aufgabe der Presse ist es, auf Missstände und Gräueltaten hinzuweisen.

3 **Strukturiere den Gedankengang der Rede, indem du Sinnabschnitte bildest und diese mit einer Überschrift versiehst.**

Abschnitt 1 Z. 1–6	*Das Attentat in Paris ist ein Angriff auf ...* ______
Abschnitt 2 Z. 7–15	______
Abschnitt 3 Z. ______	______
Abschnitt 4 Z. ______	______

Schritt 2: Redestrategien und sprachliche Mittel untersuchen

Information **Redestrategien**

Reden sind **appellative Texte,** die die Zuhörer/-innen auf vielfältige Weise **beeinflussen** wollen.
Dazu setzen die Redner/-innen gezielt **sprachliche Mittel** (► S. 27) und **Redestrategien** ein, z. B.:

- **Aufwertung der eigenen Position** durch **Fahnenwörter** (Wörter mit großer Überzeugungskraft), z. B.: *Rechtsstaat, Menschlichkeit*
- **Abwertung der gegnerischen Position** durch **Stigmawörter** (Wörter mit negativem Beigeschmack), z. B.: *Verbrechen, Attentat*
- **Polarisierung** durch **Hervorheben von Unterschieden**, z. B.: *Gesetze* ↔ *Gewalt*
- **persönliche Anrede des Publikums** durch **Anredepronomen** (z. B.: *Sie/Ihr*) oder **Personalpronomen** (z. B.: *wir/uns*), um ein Gemeinschaftsgefühl zu erzeugen, z. B.: *Wir sind Charlie!*
- **Verwendung von Appellen und Aufrufen,** die zum gemeinsamen Handeln oder zu einer gemeinsamen Position auffordern, z. B.: *Das Attentat erschüttert uns, aber es erschüttert nicht unsere Überzeugungen!*

4 **Ordne den Textbeispielen durch Pfeile jeweils das passende sprachliche Mittel / die passende Redestrategie mit der entsprechenden Wirkung zu. Suche weitere Beispiele im Text. Notiere sie im Heft.**

Beispiele aus dem Text
A „Freiheit“ (Z. 10–14), „Demokratie“ (Z. 11), „Extremisten“ (Z. 24), „Hass“ (Z. 15)
B „Wir lassen uns […] nicht spalten“ (Z. 15), „Wir sind Charlie!“ (Z. 29)
C Demokratie – Terror (Z. 14), stark – schwach (Z. 23/25)

sprachliche Mittel/Redestrategien + Wirkung
1 Aufrufe und Appelle: erhöhen den Aufforderungscharakter
2 Polarisierungen: betonen Unterschiede und Gegensätze
3 Fahnenwörter: verstärken den Wert der eigenen Position; Stigmawörter: rücken die gegnerische Position in ein negatives Licht

5 **Welche Wirkung wird durch diese Redestrategien erzielt? Ergänze die Lücken in der Redeanalyse eines Schülers. Nutze die Formulierungen aus dem Wortkasten.**

Personalpronomen • Solidarität • stärken • sprachliche Gestaltung • uns • „Wir sind Charlie!“ • Zusammengehörigkeitsgefühl • unser

Untersucht man die ______________________ der Rede, so fällt auf, dass der damalige Bundespräsident sehr häufig die ______________________ „wir“ (z. B. in Z. ____, ____) und ____________ (z. B. in Z. 3, 9) sowie das Possessivpronomen ____________ (z. B. in Z. ____) verwendet. Dies soll beim Publikum ein Gemeinschaftsgefühl wecken und die ______________ mit den europäischen Partnern ____________. Der Gebrauch dieser Pronomen gipfelt in dem Satz ____________ ______________, der als Wahlspruch für das ______________ interpretiert werden kann.

6 **Notiere im Heft zwei Sätze zu einem weiteren auffallenden sprachlichen Mittel und seiner Wirkung.**
TIPP: Auf Seite 27 ist eine sprachliche Auffälligkeit doppelt unterstrichen.

Schritt 3: Die Redeanalyse schreiben

1 a **Umkreise auf Seite 27 alle Informationen, die du für die Einleitung benötigst.**
b **Schreibe eine vollständige Einleitung in dein Heft. Nenne Redner/-in, Titel, Textsorte und Thema und gehe auf die Redesituation (Anlass, Ort, evtl. Adressaten/Publikum) ein.**

2 **Verfasse in deinem Heft den Hauptteil der Redeanalyse. Nutze dafür deine Ergebnisse der Aufgaben 2 bis 6 (▶ S. 28–29).**
a **Beschreibe kurz die Position des Redners. Nutze den Textanfang.**

> Joachim Gauck fordert seine ... eindringlich auf, sich für die Bewahrung der ... und der ... einzusetzen.

b **Stelle die Hauptaussagen der Rede in einem zusammenhängenden Text dar. Du kannst die Formulierungshilfen verwenden.**

> Gleich zu Beginn seiner Rede erklärt Gauck unmissverständlich ... • Im weiteren Verlauf ruft er dazu auf ... • Im dritten Abschnitt plädiert Gauck für ... • Die Rede endet / schließt mit ...

c **Formuliere die Ergebnisse deiner Untersuchung zu den Redestrategien und sprachlichen Mitteln in einem zusammenhängenden Text. Beziehe auch die Wirkung ein. Du kannst aus dem Wortkasten passende Formulierungen auswählen.**

> Der Redner hebt hervor, dass ... • nutzt gezielt ..., um ... • weckt das Gemeinschaftsgefühl • regt zum Nachdenken an • Polarisierungen und Gegenüberstellungen • als Fahnenwörter / Stigmawörter fallen auf • verwendet auffallend viele • besondere Wirkung erzielt • scharfer Kontrast von Auf- und Abwertungen • diese Wirkung wird durch ... unterstrichen • besonders eindringlich wirken • damit betont der Redner • Sprache und Redestrategien zeigen ...

3 **Nimm im Schluss kurz kritisch Stellung zu der Rede von Joachim Gauck.**

4 **Überprüfe deine Redeanalyse mit der Checkliste und überarbeite sie.**

Checkliste

Eine Rede analysieren

	☺	😐	☹
Einleitung: Hast du alle **wesentlichen Informationen** genannt?			
▪ Autor/-in, Titel, Textsorte, Thema	☐	☐	☐
▪ Redesituation: Anlass, Ort, evtl. Adressaten/Publikum	☐	☐	☐
Hauptteil: Hast du die wesentlichen **Analyseaspekte** aus der Aufgabenstellung berücksichtigt, z. B.:			
▪ **Position** der Rednerin / des Redners,	☐	☐	☐
▪ Wiedergabe der **Hauptaussagen,**	☐	☐	☐
▪ Analyse der **sprachlich-rhetorischen Mittel,** Beschreibung ihrer Funktion,	☐	☐	☐
▪ **Redeabsicht** und **Wirkung** auf das Publikum bzw. die heutigen Leser?	☐	☐	☐
Schluss: Hast du deine Ergebnisse in einem Fazit gebündelt oder zu der Rede kritisch Stellung genommen?	☐	☐	☐

5 **Begründe kurz, inwiefern die Rede aus dem Jahr 2015 auch heute noch aktuell ist.**

____

____

Eine Kurzgeschichte analysieren – „Denk immer an heut nachmittag“

Methode **Eine Kurzgeschichte analysieren**

Die folgenden **Leitfragen** helfen dir, einen literarischen Text, z. B. eine Kurzgeschichte, zu untersuchen. Nicht immer müssen alle beantwortet werden. Das hängt vom Text und von der Aufgabenstellung ab.

1 **Thema/Inhalt:** Was ist das **Thema** des Textes? Gibt es **Leitmotive?**

2 **Aufbau der Handlung:**
- Wie sind **Ausgangssituation** und **Schluss** gestaltet: offen oder geschlossen?
- Gibt es einen **Höhe- bzw. Wendepunkt** (eine Pointe)?
- Wird **linear** erzählt oder gibt es **Rückblenden** und/oder **Vorausdeutungen** (Zeitgestaltung)?

3 **Figuren:**
- Welche Figuren gibt es? Wie werden sie **charakterisiert?** In welcher **Beziehung** stehen sie zueinander?
- Wird die **innere Handlung** (Gedanken und Gefühle der Figuren) wiedergegeben oder liegt der Schwerpunkt auf der Darstellung der **äußeren Handlung?**

4 **Erzähler:**
- Erzählt ein/-e **Ich-Erzähler/-in** oder ein/-e **Er-/Sie-Erzähler/-in?**
- Gibt es einen **allwissenden (auktorialen) Erzähler,** der die gesamte Handlung überblickt, die Gedanken und Gefühle aller Figuren kennt und das Geschehen beurteilen kann?
- Oder erzählt ein **personaler Erzähler** aus dem eingeschränkten Blickwinkel einer bestimmten Figur?

5 **Sprachlich-stilistische Auffälligkeiten und ihre Wirkung:**
- Gibt es Besonderheiten im **Satzbau**, z. B. einfache Sätze (Parataxen), längere Satzgefüge (Hypotaxen)?
- Werden Sätze oder Wörter **wiederholt?** Gibt es Besonderheiten bei der **Wortwahl** (z. B. Jugendsprache)?
- Werden **sprachliche Bilder** (Personifikationen, Metaphern, Vergleiche) gebraucht?

6 **Interpretation (Deutung):**
- Wie kann man die Geschichte aufgrund der Analyseergebnisse verstehen? Was ist ihr Sinn?

Schritt 1: Die Kurzgeschichte verstehen

Gabriele Wohmann

Denk immer an heut nachmittag (1968)

„Eine halbe Stunde Fahrt auf der Hinterplattform[1]“, sagte der Vater, „wieder was Schönes zum Drandenken.“

Die Bahn ruckelte durch die dunklen feuchten Gässchen von Gratte[2]. Spätnachmittags, die Zeit, in der noch einmal alle Frauen ihre Einkaufstaschen zu den Krämern[3] trugen, in die Auslagen der engen Schaufenster starrten und wie im Gebet die Lippen bewegten, während sie die Münzen in ihren klebrigen Portemonnaies zählten. Die letzten Minuten, bevor die Kinder endgültig hinter den schartigen[4] Hausmauern verschwänden, ehe die Männer auf ihren Motorrädern in das Delta[5] der Gassen donnern würden.

Das Kind hielt die Messingstange vor der Fensterscheibe fest, aber immer wieder rutschte die glatte Wolle seiner Handschuhe ab.

„Wie im Aussichtswagen. Lauter lustige Dinge“, sagte der Vater. „Du kannst immer dran denken: wie lustig war's doch, als wir plötzlich bei Wickler im Fenster die Mannequins[6] entdeckten und als der Vater sagte: schön, wir fahren eine Bahn später. Die hübschen Mannequins, weißt du's noch?“

„Ja“, sagte das Kind. Sein Knie spürte den Koffer.

Die Bahn fuhr jetzt durch eine Straße mit eckigen unfrisierten Gärtchen, und Gratte sah nur noch wie ein dicker, dunkler Pickel aus. Dann Bäume, die

meisten noch kahl, eine Bank mit einem Mädchen, das die Fingernägel reinigte, gekrümmte nackte Kiefernstämme in sandigen Kahlschlägen.
„Der Wald von Laurich[7]“, sagte der Vater, „er zieht sich bis zu deinem Schulheim. Ihr werdet ihn wahrscheinlich oft zu sehen bekommen, Spiele im Wald veranstalten, Schnitzelversteck und was weiß ich, Räuberspiele, Waldlauf.“
Ein fetter Junge auf dem Fahrrad tauchte auf und hetzte in geringem Abstand hinter der Bahn her. Sein schwitzendes bläuliches Gesicht war vom Ehrgeiz verunstaltet, die farblose dicke Zunge lag schlaff auf der Unterlippe. „Zunge rein“, rief der Vater und lachte. „Ob er's schafft? Was meinst du?“
„Ich weiß nicht“, sagte das Kind.
„Ach du Langweiler“, sagte der Vater.
Das Kind merkte mit einer geheimen Erregung, daß seine Augen jetzt schon wieder naß wurden; das Fahrrad, der hechelnde schwere Körper und das besessene Gesicht des Jungen schwammen hinter der Scheibe.
Mit gekränkter Stimme sagte der Vater: „Und vergiß nicht die Liebe deiner Mutter. Sie ist dein wertvollster Besitz. Präge es dir ein. Vergiß nicht, wie lieb sie dich hatte, und handle danach. Tu nur, was sie erfreut hätte. Ich hoffe sehr, du kannst das behalten.“
Immer größer wurde der Abstand zwischen dem Fahrrad und der Plattform, aber obwohl keine Aussicht mehr bestand, in diesem Wettbewerb zu gewinnen, gab der Junge nicht auf.
„Siehst du“, sagte der Vater, „der läßt nicht locker.“ Seine Stimme war stolz und fast zärtlich.
Das Kind sah in das fleckige Gesicht des Jungen, aus dem die Zunge sich plötzlich listig reckte, zugespitzt, blaß zwischen den weißen verzogenen Lippen.
Der Vater lachte: „Siehst du, jetzt streckt er dir die Zunge raus! Vielleicht ist es sogar ein Lauricher, ein zukünftiger Kamerad. Dann würdest du schon einen kennen.“
Sie sahen von der Plattform aus die hellgrün gestrichenen Gebäude vor dem Ulmenwäldchen, alles sah doch anders aus als auf den Bildern des Prospekts. Sie gingen zwischen Äckern den großen Gebäuden entgegen.
„Wie freundlich das daliegt“, sagte der Vater. „Zu meiner Zeit waren Schulen noch nicht so nett. Da, der Sportplatz! Ich hoffe sehr, du wirst hier allmählich Spaß am Sport bekommen. Richtige Muskeln, weißt du. Du mußt sonst auf sehr viel Gutes im Leben eines Mannes verzichten.“
Ein hoher Drahtzaun umschloß den Platz. Eine Horde von Kindern, die aus der Entfernung einheitlich schwarz wirkte, rannte und stieß und schrie planlos durcheinander, und ab und zu erhob sich plump und dunkel ein eiförmiger Ball, einem kranken Vogel ähnlich, über die Masse der Köpfe.
„Komm“, sagte der Vater und griff nach der Hand des Kindes, „komm wir beeilen uns ein bißchen, vielleicht können wir noch sehen, wer gewinnt.“
Durch die Handschuhwolle spürte das Kind den Wärmestrom. Es hatte Lust, den Handschuh auszuziehen, aber es regte seine Finger nicht. Von neuem schwoll das Nasse in seinen Augen, es war ein Gefühl, als wollten die Augen selbst aus der Spange der Lider[8] platzen. Das Nasse schmierte die Gebäude, den Sportplatz, das Gewimmel der Kinder in eine mattglasige Einheit, aus der jetzt der Ball wieder schwarz und träge in den Himmel aufstieg; und dann sah es nichts mehr, gar nichts, es hörte die kreischenden Rufe, los, los, vorwärts, es spürte die Hand seines Vaters und roch den fauligen dumpfen Abendgeruch der aufgeworfenen Erde, aber es sah nichts mehr, so daß es nur die Erinnerung an den hochtorkelnden Ball festhielt. Es ließ den Ball sich höher hinaufschrauben, es ließ ihn nicht wieder zurückfallen zwischen die stoßenden und wetzenden Beine, es schraubte ihn so hoch, bis es sich nicht mehr vorstellen konnte, daß er wieder auf die Erde zurückmüßte.
„Behalte all das in Erinnerung“, sagte der Vater. „All das Schöne und Liebe, das deine Mutter und ich dir zu geben versucht haben. Und wenns mal trübe aussehen sollte, denk zum Beispiel an heut nachmittag. Das war doch wie ein richtiger lustiger Ausflug. Denk immer an heut nachmittag, hörst du? An alles, an die Wäffelchen, an Wicklers Schau, die Plattform, an den Jungen auf dem Fahrrad. Hörst du?“
„Ja“, sagte das Kind.
Gegen seinen Willen mußte es feststellen, daß die Augen wieder ordentlich und klar zwischen den Lidern saßen.
Sie waren jetzt nah am Sportplatz, die quadratischen Maschen des Zaungitters lösten sich einzeln aus dem Dunkelgrau, in das wie eine gegorene, von Würmern geschwollene Pflaume der Ball zurückklatschte. Nun erst fiel ihm auf, daß es noch nie daran gedacht hatte, seinen Vater zu bedauern. R

(Aus: Gabriele Wohmann: Ländliches Fest und andere Erzählungen.

1 die Hinterplattform: früher Teil eines Eisenbahn- oder Straßenbahnwagens
2 Gratte: ein Ort
3 der Krämer: ein Lebensmittelhändler
4 schartig: scharfkantig, rissig
5 das Delta: die Verzweigungen einer Flussmündung, hier: Verzweigungen der Gassen
6 das Mannequin: veraltet für das Model, eine Frau, die (auch in einem Geschäft) Mode vorführt
7 Laurich: ein Ort
8 die Spange der Lider: die Augenhöhlen

1 a **Lies die Kurzgeschichte „Denk immer an heut nachmittag“.**
b **Markiere nach dem ersten Lesen die Textstelle, die du am interessantesten findest.**

2 **Was passiert in der Geschichte (äußere Handlung)? Nummeriere die Aussagen in der richtigen Reihenfolge.**

- ☐ Bei der Ankunft an der Schule sehen Vater und Sohn Kindern zu, die auf einem Sportplatz Ball spielen.
- ☐ Während der Fahrt spricht der Vater über lustige Begebenheiten, der Sohn schweigt meistens und kämpft oft mit den Tränen.
- ☐ Von der Bahn aus beobachten die beiden, wie ein Junge auf einem Fahrrad versucht, mit der Bahn mitzuhalten.
- ☐ Vater und Sohn fahren mit der Bahn von Gratte nach Laurich, wo der Junge nach dem Tod seiner Mutter ein Internat besuchen soll.

3 a **Untersuche die Geschichte genauer. Lies nach, was der Vater sagt und was das Kind denkt. Übertrage die Tabelle in dein Heft (lasse viel Platz!) und ergänze sie mit Textbelegen oder Stichworten.**

Zeilen im Text	Was sagt der Vater?	Ort / äußere Handlung	Was denkt das Kind?
1–27	„wieder was Schönes zum Drandenken“ (Z. 2 f.) …	1 Fahrt durch Gratte ↓	enge, dunkle, feuchte Gassen, rissige Hausmauern, „Gratte sah nur noch wie ein dicker, dunkler Pickel aus“ (Z. 26 f.) → Alles wirkt bedrückend.
		2 Fahrt durch den Wald von Laurich ↓	
	„Wie freundlich …“	3 Vor dem Internatsgebäude ↓	
		4 Sportplatz am Internat ↓	

b **Werte deine Ergebnisse aus: Erläutere das Verhältnis zwischen Vater und Sohn. Die Stichpunkte im Kasten können dir helfen. Formuliere zwei bis drei Sätze im Heft.**

> Während der Vater …, ist der Sohn … • erlebt als bedrückend • versucht, alles in ein schönes Licht zu rücken • sprechen / sprechen nicht über ihre Gefühle • wagen / wagen nicht, Gefühle zu zeigen • Der Vater verhält sich einfühlsam / nicht einfühlsam, weil …

4 **Wer erzählt? Was bewirkt diese Erzählform bei den Leserinnen und Lesern? Streiche Unzutreffendes.**

Ein *Er-Erzähler / Ich-Erzähler* erzählt in dieser Kurzgeschichte die *äußere / innere* Handlung (die Fahrt mit der Bahn und die Ankunft an der Internatsschule). Er schildert aber auch die Gedanken und Gefühle vor allem *des Jungen / des Vaters* (die innere Handlung), sodass sich die Leser *nur schwer / gut* in diese Figur hineinversetzen und ihre inneren Konflikte nachvollziehen können.

Schritt 2: Die Textanalyse schreiben

1 a **Welche Formulierung gibt das Thema der Kurzgeschichte treffend wieder? Kreuze an.**

A ☐ Das Leben in einer Internatsschule auf dem Land

B ☐ Ein Ausflug nach Laurich

C ☐ Kommunikationsprobleme zwischen Vater und Sohn

D ☐ Fehlende Sportbegeisterung

b **Übernimm den folgenden Anfang der Einleitung in dein Heft und ergänze ihn.**

In der Kurzgeschichte „Denk immer an heut nachmittag“ von ... aus dem Jahr ... geht es um ...

2 a **Welche Zusammenfassung des Inhalts ist als Beginn des Hauptteils geeignet, A oder B? Wähle die passende aus und übertrage sie in dein Heft. Fülle dabei die Lücken sinnvoll.**

A Der Text handelt von einem **?**, der seinen Sohn nach dem Tod von **?** in ein **?** bringt. Während der kurzen Bahnfahrt von Gratte nach **?**, wo sich die Schule befindet, versucht der Vater, das Interesse des Kindes für den Aufenthalt dort zu wecken. Der Sohn ist jedoch **?** und dem **?** nahe. Unterwegs beobachten sie einen dicken **?**, der auf dem Fahrrad mit der Bahn mithalten will. Vor dem **?** sehen sie Schülern zu, die auf einem **?** Ball spielen.

B Ein Mann bringt seinen Sohn in eine neue Schule. Auf dem **?** dorthin ist der Vater bemüht, den Jungen mit gut gemeinten **?** aufzuheitern. Während der **?** ist der Sohn sehr **?** und gespannt auf die neue Schule. Unterwegs fiebern sie mit einem dicken Jungen, ob er auf dem **?** mit der Bahn mithalten kann. Vor der Schule beobachten Vater und Sohn Kinder beim Fußballspielen.

b **Begründe deine Wahl anschließend kurz im Heft. Du kannst so beginnen:**

Ich habe mich für die Inhaltszusammenfassung A/B entschieden, weil ...

3 a **Untersuche die Kommunikation zwischen dem Vater und dem Sohn mit Hilfe des Kommunikationsquadrats. Ordne die Aussagen der entsprechenden Ebene zu. Ziehe Verbindungslinien.**

b **Analysiere die in der Kurzgeschichte gelb markierte Stelle (▶ S. 32, Z. 72–75). Lege dazu im Heft eine Tabelle wie in Aufgabe 3 a an.**

Äußerung	„Der Wald von Laurich“, sagte der Vater, „er zieht sich bis zu deinem Schulheim. Ihr werdet ihn wahrscheinlich oft zu sehen bekommen, Spiele im Wald veranstalten, Schnitzelversteck und was weiß ich, Räuberspiele, Waldlauf.“ (Z. 31–35)
A Sachebene (Information)	1 Ich freue mich für dich, dass es hier so viele Möglichkeiten zum Spielen im Freien gibt.
B Selbstkundgabe	2 Nutze die Natur, um dort mit neuen Freunden die Freizeit zu verbringen und Spaß zu haben!
C Beziehungsebene	3 Es ist ein ausgedehnter Wald, der sich für viele Aktivitäten in der Natur anbietet.
D Appell (Erwartung)	4 Ich verstehe deine Lage. Es wäre schön, wenn du durch die Spiele im Wald wieder glücklicher und gesprächiger würdest.

4 a **Beschreibe mit Hilfe deiner Vorarbeiten die Kommunikation der Figuren und ihre Beziehung zueinander. Nutze die Formulierungshilfen.**

> Die vom Vater als „schön“ gedeuteten Erlebnisse nimmt der Sohn ... wahr. •
> Die Kommunikationsprobleme zwischen ... zeigen sich an den ... Sprechanteilen. •
> Während der Vater nahezu ständig ... • Nonverbale Signale ... •
> Beide sprechen nicht über ... und wagen nicht ... • Die Beziehung zwischen Vater und Sohn ...

b **Erläutere in drei bis vier Sätzen, wie der Umgang der Figuren miteinander auf die Leserin / den Leser wirkt. Wähle passende Adjektive aus dem Wortkasten aus.**

> ängstlich • offen • beklemmend • unehrlich • verschlossen • fröhlich • traurig • unnatürlich •
> natürlich • übertrieben • heiter • entspannt

5 **In der Kurzgeschichte (▸ S. 31–32) sind einige sprachliche Besonderheiten grün markiert. Untersuche sie. Übernimm die folgenden Sätze in dein Heft und ergänze dabei zutreffende Bezeichnungen aus dem Kasten. Notiere in Klammern Textbelege mit Zeilennummern.**

> Metapher • Ausruf • rhetorische Frage • Wiederholung • Imperativ • Vergleich • Jugendsprache

Auch an sprachlichen Besonderheiten zeigt sich die Erwartungshaltung des Vaters gegenüber seinem Sohn, nämlich an den zahlreichen **?** (z. B. **?**). Er gibt dem Jungen viele Handlungsanweisungen und Ratschläge, die fordernd wirken. Die deprimierende Stimmung während der Fahrt in das Internat wird durch sprachliche Bilder für die trostlose Umgebung unterstrichen. Beispiele sind ein **?** für den Ort Gratte (**?**) und **?** für die Darstellung der Gegend (z. B. **?**, **?**). Besondere Bedeutung kommt dem Ball zu, der mehrmals erwähnt wird und deshalb die Funktion eines Leitmotivs besitzt. Der Junge stellt sich vor, wie der Ball aus dem umzäunten Sportplatz wegfliegt – so wie er selbst fliehen möchte. Doch der Ball fällt zurück auf die Erde. Anhand des Balls veranschaulichen zwei **?** (**?**, **?**) die Gefühle des Jungen.

6 **Formuliere eine abschließende kurze Deutung. Berücksichtige dabei auch den letzten Satz der Kurzgeschichte: „Nun erst fiel ihm [dem Kind] auf, daß es noch nie daran gedacht hatte, seinen Vater zu bedauern.“ (Z. 122 f.) Du kannst die Formulierungshilfen nutzen.**

> Insgesamt stellt die Kurzgeschichte auf bedrückende Weise dar, wie ... nach dem Tod ... •
> Aufgrund ihrer schwierigen Lebenssituation müssen ... • Beide fühlen sich ... •
> Auch wenn der Vater versucht ..., bleibt der Junge bis zum Schluss ... •
> Lediglich der letzte Satz lässt vermuten, dass ...

7 **Überprüfe deine Textanalyse mit der Checkliste und überarbeite sie.**

Checkliste

Eine Kurzgeschichte analysieren

	☺	😐	☹
■ Hast du eine **Einleitung** mit Angaben zu Textart, Autor/-in, Titel, Jahr und Thema formuliert?	☐	☐	☐
■ Hast du im **Hauptteil** kurz und sachlich den **Inhalt** der Geschichte **zusammengefasst?**	☐	☐	☐
■ Hast du die **Kommunikation und die Beziehung der Figuren** beschrieben?	☐	☐	☐
■ Hast du ausgewählte **sprachliche Mittel / Besonderheiten** untersucht?	☐	☐	☐
■ Hast du am **Schluss** eine kurze abschließende **Deutung** geschrieben?	☐	☐	☐
■ Hast du deine Aussagen zur Geschichte mit **geeigneten Textstellen** belegt?	☐	☐	☐

8 **Formuliere in einem Satz eine ehrliche Äußerung des Vaters. Schreibe in dein Heft.**

Eine Dramenszene untersuchen – „Mutter Courage“

Methode **Eine Dramenszene untersuchen**

Diese Leitfragen helfen dir, eine Dramenszene zu untersuchen. Nicht immer müssen alle beantwortet werden.

1 **Inhalt und Thema der Szene, Stellung im Handlungsverlauf** (sofern bekannt):
- Worum geht es in der Szene? Welche Figuren treten auf? Wo steht die Szene im Handlungsverlauf?

2 **Figuren, Gesprächssituation, Sprache,** z. B.:
- Wie verhalten sich die Figuren? In welcher Beziehung stehen sie zueinander?
- Wie ist die Gesprächssituation? Wie verläuft das Gespräch? Welche Absicht verfolgen die Figuren?
- Wie sprechen die Figuren: Wie ist ihr Sprachstil (z. B. umgangssprachlich, sachlich, ironisch)? Welche sprachlichen Mittel benutzen sie (z. B. Metaphern, Vergleiche, Wiederholungen, Übertreibungen)?
- Welche Schlussfolgerungen erlaubt das über Einstellungen, Absichten oder den Charakter der Figuren?

3 **Intention, Wirkung, Zeitbezug,** z. B.:
- Welche Absicht (Intention) hat die Szene? Wird ein Problem verdeutlicht?
- Hat die Szene eine besondere Wirkung auf das Publikum? Spielt der Zeitbezug eine Rolle?

Schritt 1: Die Dramenszene untersuchen

Bertolt Brecht

Mutter Courage und ihre Kinder
(veröffentlicht 1949, Ende von Bild 1)

Brechts Drama spielt im Dreißigjährigen Krieg und beginnt im Jahr 1624. In der ersten Szene (Bild 1) zieht Mutter Courage mit ihren drei Kindern in ihrem Planwagen durch das Land. Die beiden Söhne der Courage sollen für den Krieg gewonnen werden. Mutter Courage, der man nachsagt, sie könne die Zukunft voraussehen, bereitet Lose vor. Diese sollen Auskunft geben, ob der, der das Los gezogen hat, den Krieg überleben wird.

MUTTER COURAGE *kommt zurück mit den Zetteln im Helm des Feldwebels:* Möchten ihrer Mutter weglaufen, die Teufel, und in den Krieg wie die Kälber zum Salz. Aber ich werd die Zettel befragen, und da werden sie schon sehen, daß die Welt kein Freudental ist, mit „Komm mit, Sohn, wir brauchen noch Feldhauptleut“. Feldwebel, ich hab wegen ihnen die größten Befürchtungen, sie möchten mir nicht durch den Krieg kommen. Sie haben schreckliche Eigenschaften, alle drei. *Sie streckt Eilif den Helm hin.* Da, fisch dir dein Los raus. *Er fischt, faltet auf. Sie entreißt es ihm.* Da hast dus, ein Kreuz! Oh, ich unglückliche Mutter, ich schmerzensreiche Gebärerin. Er stirbt? Im Lenz des Lebens muß er dahin. Wenn er ein Soldat wird, muß er ins Gras beißen, das ist klar. Er ist zu kühn, nach seinem Vater. Und wenn er nicht klug ist, geht er den Weg des Fleisches, der Zettel beweist es. *Sie herrscht ihn an:* Wirst du klug sein?

EILIF: Warum nicht?

Mutter Courage, Aufführung des Burgtheaters Wien, November 2013

MUTTER COURAGE: Klug ist, wenn du bei deiner Mutter bleibst, und wenn sie dich verhöhnen und ein Hühnchen schimpfen, lachst du nur.

DER WERBER[1]: Wenn du dir in die Hosen machst, werd ich mich an deinen Bruder halten.

MUTTER COURAGE: Ich hab dir geheißen, du sollst lachen. Lach! Und jetzt fisch zu, Schweizerkas. Bei dir fürcht ich weniger, du bist redlich. *Er fischt im Helm.* Oh, warum schaust du so sonderlich auf den Zettel? Bestimmt ist er leer. Es kann nicht sein, daß da ein Kreuz drauf steht. Dich soll ich doch nicht verlieren.

Sie nimmt den Zettel. Ein Kreuz? Auch er! Sollte das etwa sein, weil er so einfältig ist? Oh, Schweizerkas, du sinkst auch dahin, wenn du nicht ganz und gar redlich bist allezeit, wie ichs dir gelehrt hab von Kindesbeinen an, und mir das Wechselgeld zurückbringst vom Brotkaufen. Nur dann kannst du dich retten. Schau her, Feldwebel, obs nicht ein schwarzes Kreuz ist?

DER FELDWEBEL: Ein Kreuz ists. Ich versteh nicht, daß ich eins gezogen hab. Ich halt mich immer hinten. *Zum Werber:* Sie treibt keinen Schwindel. Es trifft ihre eigenen auch.

SCHWEIZERKAS: Mich triffts auch. Aber ich laß mirs gesagt sein.

MUTTER COURAGE *zu Kattrin:* Und jetzt bleibst mir nur noch du sicher, du bist selber ein Kreuz: du hast ein gutes Herz. *Sie hält ihr den Helm zum Wagen hoch, nimmt aber selber den Zettel heraus.* Ich möcht schier verzweifeln. Das kann nicht stimmen, vielleicht hab ich einen Fehler gemacht beim Mischen. Sei nicht zu gutmütig, Kattrin, seis nie mehr, ein Kreuz steht auch über deinem Weg. Halt dich immer recht still, das kann nicht schwer sein, wo du doch stumm bist. So, jetzt wißt ihr. Seid alle vorsichtig, ihr habts nötig. Und jetzt steigen wir auf und fahren weiter. *Sie gibt dem Feldwebel seinen Helm zurück und besteigt den Wagen.*

DER WERBER *zum Feldwebel:* Mach was!

DER FELDWEBEL: Ich fühl mich gar nicht wohl.

DER WERBER: Vielleicht hast du dich schon verkühlt, wie du den Helm weggegeben hast im Wind. Verwickel sie in einen Handel. *Laut:* Du kannst dir die Schnalle ja wenigstens anschauen, Feldwebel. Die guten Leut leben vom Geschäft nicht? He, ihr, der Feldwebel will die Schnalle kaufen!

MUTTER COURAGE: Einen halben Gulden. Wert ist so eine Schnalle zwei Gulden. *Sie klettert wieder vom Wagen.*

DER FELDWEBEL: Sie ist nicht neu. Da ist so ein Wind, ich muß sie in Ruh studieren. *Er geht mit der Schnalle hinter den Wagen.*

MUTTER COURAGE: Ich finds nicht zugig.

DER FELDWEBEL: Vielleicht ist sie einen halben Gulden wert, es ist Silber.

MUTTER COURAGE: *geht zu ihm hinter den Wagen:* Es sind solide sechs Unzen.

DER WERBER *zu Eilif:* Und dann heben wir einen unter Männern. Ich hab Handgeld bei mir, komm.

Eilif steht unschlüssig.

MUTTER COURAGE: Dann ein halber Gulden.

DER FELDWEBEL: Ich verstehs nicht. Immer halt ich mich dahint. Einen sichereren Platz, als wenn du Feldwebel bist, gibts nicht. Da kannst du die andern vorschicken, daß sie sich Ruhm erwerben. Mein ganzes Mittag ist mir versaut. Ich weiß genau, nix werd ich hinunterbringen.

MUTTER COURAGE: So sollst du dirs nicht zu Herzen nehmen, daß du nicht mehr essen kannst. Halt dich nur dahint. Da, nimm einen Schluck Schnaps, Mann. *Sie gibt ihm zu trinken.*

DER WERBER *hat Eilif untern Arm genommen und zieht ihn nach hinten mit sich fort:* Zehn Gulden auf die Hand, und ein mutiger Mensch bist du und kämpfst für den König, und die Weiber reißen sich um dich. Und mich darfst du in die Fresse hauen, weil ich dich beleidigt hab. *Beide ab.*

Die stumme Kattrin springt vom Wagen und stößt rauhe Laute aus.

MUTTER COURAGE: Gleich, Kattrin, gleich. Der Herr Feldwebel zahlt noch. *Beißt in den halben Gulden.* Ich bin mißtrauisch gegen jedes Geld. Ich bin ein gebranntes Kind, Feldwebel. Aber die Münz ist gut. Und jetzt fahrn wir weiter. Wo ist der Eilif?

SCHWEIZERKAS: Der ist mitm Werber weg.

MUTTER COURAGE *steht ganz still, dann:* Du einfältiger Mensch. *Zu Kattrin:* Ich weiß, du kannst nicht reden, du bist unschuldig.

DER FELDWEBEL: Kannst selber einen Schluck nehmen, Mutter. So geht es eben. Soldat ist nicht das Schlechteste. Du willst vom Krieg leben, aber dich und die Deinen willst du draußen halten, wie?

MUTTER COURAGE: Jetzt mußt du mit deinem Bruder ziehn, Kattrin.

Die beiden, Bruder und Schwester, spannen sich vor den Wagen und ziehen an. Mutter Courage geht nebenher. Der Wagen rollt weiter.

DER FELDWEBEL: *nachblickend:*
Will vom Krieg leben
Wird ihm wohl müssen auch was geben. R

1 der Werber: in früheren Jahrhunderten ein Mensch, der für Feldherren und Fürsten Soldaten angeworben hat

1 a **Lies die Szene aus dem Drama „Mutter Courage und ihre Kinder“.**
b **Notiere Stichpunkte: Welche Figuren treten auf? Worum geht es nach <u>deinem ersten Eindruck</u>?**

2 **Prüfe, ob du die folgenden Wörter verstanden hast. Ordne jeweils die passende Definition zu.**

A	der Lenz (Z. 14)
B	redlich (Z. 27)
C	zugig (Z. 72)
D	die Unze (Z. 76)
E	das Handgeld (Z. 78)

1	*früher:* Anzahlung bei Abschluss eines Vertrags
2	alte Gewichtseinheit
3	der Frühling, *hier:* die Jugendjahre
4	kalt, windig
5	ehrlich, rechtschaffen, aufrichtig

3 a **Was geschieht in der Szene? Kreuze an, ob die Aussagen A bis D richtig oder falsch sind.**
b **Berichtige die falschen Aussagen in deinem Heft.**

		richtig	falsch
A	Mutter Courage versucht, ihre Kinder vor dem Kriegsdienst zu schützen, indem sie Lose zieht und ihnen damit den sicheren Tod voraussagt, wenn sie sich anwerben lassen.	☐	☐
B	Eilif versteht die Warnung der Mutter und lässt sich nicht für den Krieg anwerben.	☐	☐
C	Kattrin warnt ihre Mutter rechtzeitig, dass der Werber versucht, Eilif mitzunehmen, während diese gerade mit dem Feldwebel hinter dem Wagen verhandelt.	☐	☐
D	Mutter Courage nimmt das Angebot des Werbers an, ihre Kinder als Soldaten auszubilden.	☐	☐

c **Welches Ziel verfolgt Mutter Courage mit der „Befragung der Zettel"? Kreuze Zutreffendes an.**

A ☐ Mutter Courage will mit der „Befragung der Zettel" ihre hellseherischen Fähigkeiten beweisen und den Werber erschrecken.

B ☐ Mutter Courage nutzt die „Befragung der Zettel" als Trick, um den Feldwebel und den Werber abzulenken und ihre Kinder vor dem Tod im Krieg zu warnen.

4 **Nachdem ihre Kinder Lose mit Kreuzen gezogen haben, spricht Mutter Courage jedes anders an. Daraus lässt sich auf den unterschiedlichen Charakter der Kinder schließen.**
a **Notiere im Tabellenkopf anhand der Eigenschaften jeweils den Namen.**
b **Ergänze in den Spalten Stichworte zu den Fragen 1 bis 3.**

	______	______	______
1 Finde Synonyme für die „schrecklichen" (Z. 9) Eigenschaften, die die Mutter den Kindern zuspricht.	ist zu kühn (vgl. Z. 16): *ist* ______ ______	ist zu einfältig (vgl. Z. 32) *ist* ______ ______	ist zu gutmütig (vgl. Z. 45 ff.) *ist* ______ ______
2 Was bedeuten diese Ratschläge der Mutter?	Sei klug und lach! ______ ______	Sei redlich! ______ ______	Halt dich still! ______ ______
3 Was geschieht, wenn sie den Ratschlag ihrer Mutter missachten?	______ ______	______ ______	______ ______

5 Untersuche die Aufforderung des Werbers an den Feldwebel: „Mach was!“ (Z. 58). Was bedeutet sie? Notiere Stichworte und ein nachfolgendes Zitat des Werbers als Beleg.

____

6 a Analysiere den Gesprächsverlauf ab Zeile 58 (▶ S. 37). Achte darauf, was vor und was hinter dem Wagen der Mutter Courage geschieht. Markiere Stellen, an denen die Absichten der Figuren deutlich werden.

b Notiere für jede Figur, wo sie sich befindet.

auf dem Wagen: ____________

hinter dem Wagen: ____________

vor dem Wagen: ____________

c Was beabsichtigen die Figuren? Wie gelingt es ihnen, an ihr Ziel zu gelangen? Notiere Stichpunkte.

Warum geht der Feldwebel mit der Schnalle, die er kaufen will, hinter den Wagen? ____________	Womit gelingt es dem Werber, Eilif anzuwerben? ____________
Welchen Vorwand äußert er? ____________	Wie reagiert Kattrin? Gelingt es? ____________
Warum folgt ihm Mutter Courage? ____________	Wie verhält sich Schweizerkas? Warum? ____________

7 Analysiere die Sprechweise und die Sprache der Figuren.

a Notiere im Heft Beispiele aus der Szene, in denen die Figuren Umgangssprache verwenden (mit Zeilenangaben). Schreibe dahinter, wie das wirkt.

b Prüfe, welche der folgenden sprachlichen Mittel du im Text finden kannst. Markiere sie in den angegebenen Farben. Kreuze unten an, welche vorhanden sind.

☐ A Metapher (oft Redewendung) ☐ B Vergleich ☐ C Aufzählung

☐ D unvollständiger Satz (Ellipse) ☐ E Wiederholung ☐ F derber Ausdruck

c Beschreibe an Beispielen die Wirkung dieser sprachlichen Mittel in dieser Szene. Wähle passende Formulierungshilfen. Schreibe in dein Heft.

> zeigen Gefühle • wirken pathetisch • verdeutlichen Betroffenheit • veranschaulichen Angst • zeigen Sorgen um die Kinder • verdeutlichen Verzweiflung über den Krieg • spiegeln die Verrohung durch den Krieg wider

8 Am Schluss des Bildes sagt der Feldwebel, während er Mutter Courage hinterherblickt: „Will vom Krieg leben / Wird ihm wohl müssen auch was geben.“ (Z. 118 f.) Formuliere mit eigenen Worten, was er damit meint. Wovon lebt die Mutter Courage? Was muss sie hergeben? Schreibe in dein Heft.

Schritt 2: Die Dramenanalyse schreiben

1 **Verfasse eine Einleitung für die Analyse des Dramenauszugs.**
a **Umkreise auf Seite 36 alle Informationen, die du für die Einleitung benötigst.**
b **Übernimm die folgende Einleitung in dein Heft und fülle dabei die Lücken.**

> Die vorliegende Szene aus dem ... Bild des Dramas ... von ... wurde ... veröffentlicht. Sie zeigt ... mit ihren Kindern, die den Anwerbungsversuchen eines ... und eines ... für den Kriegsdienst ausgesetzt sind.

2 **Formuliere im Hauptteil zunächst eine Deutungsthese. Schreibe in dein Heft. Du kannst so beginnen:**

> Mutter Courage will ihre Kinder ... vor dem Krieg ...

3 **Fasse im Heft kurz den Inhalt der Szene zusammen und ordne sie in den Handlungsverlauf ein.**

4 a **Beschreibe die Figuren und ihre Beziehungen. Nutze deine Vorarbeiten (▶ S. 38–39) und die Hilfen im Kasten.**

> Mutter Courage erscheint als mutige Frau, die für ihre Kinder ... •
> Aus unterschiedlichen Gründen fürchtet sie, die Kinder zu verlieren: Eilif ist ... , Schweizerkas hingegen ..., •
> Kattrin schließlich ... • Mutter Courage erteilt ihren Kindern gute Ratschläge ... •
> Der Feldwebel und der Werber treten geschlossen gegen ... Sie verfolgen gemeinsam das Ziel ...

b **Stelle den Gesprächsverlauf dar. Baue deine Ergebnisse zur Sprachuntersuchung (▶ S. 39) ein.**
Belege deine Aussagen mit passenden Zitaten.

> Der Verlauf des Gesprächs zeigt, dass Mutter Courage am Anfang die Gesprächssituation beherrscht, denn ... •
> Das letzte Wort behält in der Szene ... •
> Die Sprache aller Figuren enthält viele ... Elemente ... •
> Im Kontrast zu der einfachen, manchmal derben Sprache stehen ... •
> Darin kommen ... zum Ausdruck: ...

5 **Erarbeite den Schluss deiner Dramenanalyse. Bewerte in einem Fazit das Verhalten der Mutter Courage. Begründe deine Meinung.**

6 **Überprüfe deine Dramenanalyse mit der Checkliste und überarbeite sie.**

Checkliste

Eine Dramenszene analysieren

	☺	😐	☹
▪ Hast du in der **Einleitung** Textsorte, Autor/-in, Titel, Jahr und Thema genannt?	☐	☐	☐
▪ Hast du zu Beginn des **Hauptteils** eine Deutungsthese formuliert?	☐	☐	☐
▪ Hast du den **Inhalt** der Szene zusammengefasst und sie in den **Handlungsverlauf** eingeordnet?	☐	☐	☐
▪ Hast du das **Gespräch** der Figuren analysiert (Situation, Verlauf, Sprechweise, Absicht)?	☐	☐	☐
▪ Hast du Schussfolgerungen zu Einstellungen, Absichten oder zum Charakter der **Figuren** gezogen?	☐	☐	☐
▪ Hast du wichtige Aussagen mit Textstellen belegt und richtig **zitiert?**	☐	☐	☐
▪ Hast du zum **Schluss** die Ergebnisse zusammengefasst und ein Fazit formuliert?	☐	☐	☐

7 **Schreibe zwei Sätze, in denen der Werber die Szene in einem inneren Monolog für sich selbst zusammenfasst.**

Ein politisches Gedicht analysieren – „Doch kommt ein Krieg“

Methode **Ein Gedicht analysieren**

1 Inhalt, Thema:
- Welches Thema hat das Gedicht (z. B.: Liebe, Krieg, Großstadt)?
- Wird eine Handlung beschrieben oder werden Gefühle, Gedanken und Stimmungen dargestellt?
- Was bedeutet der Titel des Gedichts?

2 Der Sprecher / Die Sprecherin:
- Gibt es einen Sprecher/eine Sprecherin (lyrisches Ich/Wir) oder ist diese/-r im Text nicht erkennbar?
- Gibt es einen Adressaten (du/ihr)?

3 Formaler Aufbau:
- Ist das Gedicht in Strophen (regelmäßig/unregelmäßig) gegliedert?
- Ist das Gedicht gereimt? Liegt eine besondere Reimform vor?
- Ist ein Metrum (z. B. Jambus, Trochäus, Daktylus) erkennbar? Gibt es Abweichungen?
- Liegen Enjambements (Zeilensprünge) vor?
- Wie wirkt diese formale Gestaltung? Passt sie zum Inhalt?

4 Sprachliche Mittel:
- Welche sprachlichen Bilder (Metaphern, Personifikationen, Vergleiche) werden verwendet?
- Liegen besondere Stilfiguren vor, z. B. Alliteration (Wiederholung von Anfangsbuchstaben), Parallelismus (parallele Satzstrukturen) oder Anapher (Wiederholung von Wörtern am Versanfang)?
- Gibt es Besonderheiten in der Wortwahl oder im Satzbau (Satzformen/Satzarten)?
- Gibt es grammatische Auffälligkeiten (Tempus)?
- Wie wirken diese sprachlichen Mittel? Welchen Bezug haben sie zum Inhalt?

Ludwig Meidner: Apokalyptische Landschaft (1912)

Schritt 1: Das Gedicht untersuchen

1 a **Lies das Gedicht von Alfred Lichtenstein.**
b **Markiere Auffälliges (z. B. sprachliche Bilder, Satzarten). Notiere erste Beobachtungen in Stichpunkten rund um das Gedicht.**

Alfred Lichtenstein

Doch kommt ein Krieg (1914)

Doch kommt ein Krieg. Zu lange war schon Frieden.
Dann ist der Spaß vorbei. Trompeten kreischen
Dir tief ins Herz. Und alle Nächte brennen.
Du frierst in Zelten. Dir ist heiß. Du hungerst.
Ertrinkst. Zerknallst. Verblutest. Äcker röcheln.
Kirchtürme stürzen. Fernen sind in Flammen.
Die Winde zucken. Große Städte krachen.
Am Horizont steht der Kanonendonner.
Rings aus den Hügeln steigt ein weißer Dampf
Und dir zu Häupten platzen die Granaten.

unvollständige Sätze – *Personifikation*

2 **Erschließe mit Hilfe der Leitfragen das Thema und den Inhalt des Gedichts. Notiere Antworten im Heft.**

A Welche Situation wird in dem Gedicht beschrieben? *Es wird eine Bedrohungssituation durch den …*

B Welche Vorstellungen und Gefühle zum Krieg werden formuliert? *Angesprochen werden Gefühle wie …*

C Was bedeutet der Titel des Gedichts? *Der Titel des Gedichts weist darauf hin, dass …*

3 **Untersuche: Ist ein lyrisches Ich (ein Sprecher) erkennbar? Gibt es einen Adressaten? Welche Stimmung wird zum Ausdruck gebracht? Streiche Unzutreffendes.**

In dem Gedicht gibt sich *ein / kein* Sprecher (lyrisches Ich) durch Personalpronomen direkt zu erkennen. Mit den *Pronomen / Adjektiven* „du“ und *„dir“ / „ihr“* wird jedoch ein Gegenüber (z. B. die Leserin, der Leser) unmittelbar angesprochen, was besonders *eindringlich / distanziert* wirkt. Dabei kommen zunächst vor allem *Gedanken / Sinneswahrnehmungen und Gefühle* zum Ausdruck. Dies verändert sich ab *Vers 4 / Vers 6*. Von da an konzentriert sich die Darstellung auf *das Kriegsgeschehen / die Gefühlswelt*. Die Stimmung wirkt *verzweifelt / hoffnungsvoll*. Ein Entkommen scheint *möglich / unmöglich* zu sein.

4 a **Beschreibe den formalen Aufbau des Gedichts. Trage Stichpunkte ein.**

Wie viele Strophen und Verse hat das Gedicht?	
Gibt es Reime?	
Ist ein Metrum erkennbar?	

b **Wie wirkt der formale Aufbau auf die Leserin / den Leser? Kreuze die zutreffende Aussage an.**

☐ A Die Form des Gedichts unterstreicht das durch den Krieg ausgelöste Chaos, die Unordnung.

☐ B Der formale Aufbau steht im Gegensatz zu der dargestellten Kriegssituation.

5 **Erschließe sprachliche Auffälligkeiten des Gedichts. Ergänze die Tabelle.**

Textbeleg (mit Vers)	Sprache	Deutung/Wirkung
________ (V. 2), „krachen“ (V. 7)	Wortwahl: Verben	Sinneseindrücke, akustische Wahrnehmung des Kriegs
„Dir ist heiß. Du hungerst. / Ertrinkst. Zerknallst.“ (V. 4 f.)	Satzbau: kurze, z. T. unvollständige Sätze	Reduktion auf das, was dem Menschen im Krieg geschieht; wirkt eindringlich, einhämmernd
________ (V. 1)	________ der Zeitform	________
„Nächte brennen“ (V. ____) ________	________ ________	veranschaulicht ________ ________
________	Personifikation	________

Schritt 2: Die Gedichtanalyse schreiben

1 **Formuliere in deinem Heft eine Einleitung, in der du die Art des Textes, den Titel, den Namen des Autors, das Entstehungs- bzw. Erscheinungsjahr und das Thema nennst. Wähle einen der Anfänge.**

> In dem Gedicht ... von ... aus dem Jahr ... geht es um ... • Das Gedicht ... von ... entstand ... Es handelt von ...

2 **Gib am Anfang des Hauptteils den Inhalt des Gedichts kurz in eigenen Worten wieder. Schreibe in dein Heft.**

3 **Stelle danach die wichtigsten Ergebnisse deiner Analyse im Heft dar und belege sie durch Zitate. Untersuche zunächst den formalen Aufbau (Strophen, Verse, Reimform, Metrum). Nutze die Hilfen.**

> Das Gedicht besteht aus ... mit ... Auffällig ist, dass es keine ... gibt. Wie in einem erzählenden Text reihen sich ... aneinander. Dieser formale Aufbau des Gedichts spiegelt ... wider.

4 a **Im folgenden Auszug aus einer Gedichtanalyse werden einige sprachliche Mittel und ihre Wirkung beschrieben. Übernimm den Text in dein Heft und ergänze statt der ? passende Zitate und Versangaben.**

> Durch die Wahl ausdrucksstarker Verben wie ? werden die bedrohlichen, beängstigenden Geräusche des Kriegsgeschehens für die Leser vorstellbar. Der Satzbau besteht hauptsächlich aus kurzen Hauptsätzen (?), die zunächst noch kürzer werden (?) und etwa in der Mitte des Gedichts nur aus Verbformen in der zweiten Person Singular bestehen: ?. Dies führt dem angesprochenen Du, und damit dem Leser, die Konsequenzen des Krieges besonders eindringlich vor Augen. Anschließend wird das Kriegsgeschehen wieder mit knappen Hauptsätzen beschrieben, die oft nur aus Subjekt und Prädikat bestehen (z. B. ?). Schließlich beendet eine kurze Satzreihe (?) das Gedicht. Die Reduktion im Satzbau hebt hervor, was der Mensch im Krieg erleben muss.

b **Setze im Heft den Hauptteil fort. Analysiere weitere sprachliche Mittel. (▶ S. 42, Aufgabe 5)**

5 **Fasse am Schluss deine Ergebnisse zusammen und beschreibe, wie das Gedicht auf dich wirkt.**

> Zusammenfassend kann man sagen, dass ... • Insgesamt wirkt das Gedicht auf den Leser ...

6 **Überprüfe deine Gedichtanalyse mit der Checkliste und überarbeite sie.**

Checkliste

Ein Gedicht analysieren

	☺	😐	☹
▪ Hast du in der **Einleitung** Textart, Autor/-in, Titel, Jahr und Thema formuliert?	☐	☐	☐
▪ Hast du den **Inhalt** der Gedichts knapp wiedergegeben und etwas zum **lyrischen Ich** gesagt?	☐	☐	☐
▪ Hast du die **Form** des Gedichts (Strophe, Vers, Reimschema, Metrum) beschrieben und in Beziehung zum Inhalt gesetzt?	☐	☐	☐
▪ Hast du die **sprachliche Gestaltung** (sprachliche Mittel, Wortwahl) und ihre Wirkung untersucht?	☐	☐	☐
▪ Hast du deine Analyseergebnisse mit **Zitaten** belegt?	☐	☐	☐
▪ Hast du am **Schluss** die wichtigsten Ergebnisse deiner Textuntersuchung zusammengefasst und beschrieben, wie das Gedicht wirkt?	☐	☐	☐

7 **Erkläre, wieso das Bild auf Seite 41 zu dem Gedicht passt. Schreibe in dein Heft.**

Was kann ich schon? – Rund um Nomen und Verb, Sätze und Satzglieder

1 a **Unterstreiche im folgenden Briefauszug die Grammatikfehler:**
- **Fünf Präpositionen wurden mit dem falschen Kasus verwendet.**
- **In zwei Sätzen stimmen Subjekt und Prädikat im Numerus nicht überein.**

b **Streiche die fehlerhaften Wörter durch und notiere jeweils eine Verbesserung darüber.**

PUNKTE |7
PUNKTE |7

VORSICHT FEHLER!

Sehr geehrter Herr Köster,

(1) wegen unsere diesjährige Abschlussfeier suchen wir, die Schülerinnen und Schüler der 10. Klassen der Anne-Frank-Schule, einen passenden Veranstaltungsraum. (2) Der Hafenspeicher, der auf Ihrer Homepage vorgestellt wird, hat uns sehr angesprochen. (3) Besonders gut gefällt uns die Terrasse mit einen direkten Zugang zur Elbe und die großen Panoramafenster. (4) Aus Ihren Angebot geht hervor, dass der Raum Platz für etwa 450 Personen bietet. (5) Werden die Anzahl an Tischen auch für 500 Personen ausreichen? (6) Wie hoch wären die Kosten für der gesamte Abend (Raummiete und Dekoration)?

(7) Wir freuen uns über einer zeitnahe Antwort.

Mit freundlichen Grüßen

...

c **Markiere in Satz 2 alle Pronomen gelb.**
Um welche Art von Pronomen handelt es sich jeweils? Kreuze im folgenden Satz richtig an und ergänze das jeweilige Pronomen in Klammern.

PUNKTE |3
PUNKTE |3

In Satz 2 werden ☐ ein Personalpronomen (____________), ein ☐ Possessivpronomen (____________), ein ☐ Relativpronomen (____________), ein ☐ Demonstrativpronomen (____________) verwendet.

d **In einem Satz wird eine Verbform im Passiv verwendet. Markiere sie grün.**
Setze sie ins Aktiv und schreibe den vollständigen Satz auf die Linie.

PUNKTE |2

____

2 a **Bilde im folgenden Text mit den Verben in Klammern passende Zeitformen und ergänze die Lücken.**
b **Präsens, Präteritum, Perfekt, Plusquamperfekt, Futur? Unterstreiche wie angegeben.**
TIPP: Nicht alle Zeitformen werden in dem Text verwendet.

PUNKTE |4
PUNKTE |4

Wie jeder 10. Jahrgang ______________ (planen) wir eine Abschlussfeier. In der letzten Woche ______________ (erhalten) wir eine Absage von einem Veranstalter, nachdem wir bereits lange nach einem passenden Raum ______________ (suchen). Ob es diesmal ______________ (klappen)?

3 **a** **Unterstreiche in den Sätzen A und B: Redebegleitsätze, Verbform im Konjunktiv I, Verform im Konjunktiv II.** PUNKTE |4

A Der Veranstalter erklärt, es gebe genug Platz für 500 Personen.

B Die Kosten für den gesamten Abend lägen zwischen ... und ... Euro, ergänzt Herr Köster.

b **Gib Satz A in der direkten Rede wieder. Setze die nötigen Satzzeichen.** PUNKTE |1

____

c **In Satz B kann auch die *würde*-Ersatzform für die Wiedergabe der Aussage verwendet werden. Schreibe den Satz damit neu auf.** PUNKTE |1

____

4 **a** **Verknüpfe die Sätze in A und B jeweils sinnvoll zu Satzgefügen. Wähle eine passende Konjunktion (ein passendes Verknüpfungswort) aus dem Wortspeicher und setze jeweils das nötige Komma.** PUNKTE |2

falls • damit • obwohl • indem • nachdem

A Die Jahrgangssprecherin Louisa brachte die Gäste zum Lachen. Sie erinnerte an lustige Ereignisse.

____

B Louisa blickte auf das vergangene Schuljahr zurück. Sie hatte die Gäste herzlich begrüßt.

____

b **Verknüpfe die beiden Sätze in C sinnvoll zu einem Satzgefüge und zu einer Satzreihe. Verwende jeweils die passende Konjunktion (das passende Verknüpfungswort) und setze das nötige Komma.** PUNKTE |2

C Viele Schüler/-innen wollen keine Rede halten. Sie sprechen nicht gerne vor einem großen Publikum.

____

____

5 **a** **Unterstreiche im folgenden Satz jedes Satzglied in einer anderen Farbe.** PUNKTE |3
b **Forme das markierte Attribut in einen Relativsatz um. Schreibe den ganzen Satz neu auf.** PUNKTE |1

Die von allen Schülerinnen und Schülern sorgfältig vorbereitete Abschlussfeier gefiel den Gästen.

____

6 **Prüfe deine Ergebnisse mit Hilfe des Lösungshefts (▶ S. 17). Trage die Punkte neben den Aufgaben ein. Zähle deine Punkte zusammen und notiere deinen Übungsschwerpunkt auf der Linie.** GESAMT |44

☺ 44–40 Punkte	☺ 39–21 Punkte	☹ 20–0 Punkte
Bravo! Welches Grammatikthema solltest du trotzdem wiederholen? ______________	Nicht schlecht! Mit welchen Grammatikthemen hattest du noch Schwierigkeiten? ______________	Du solltest alle Grammatikthemen wiederholen. Welches bereitet dir die meisten Probleme? ______________

Rund ums Nomen – Angemessen formulieren

Auf Kasus und Numerus achten

Information **Kasus (Fall) und Numerus (Anzahl) prüfen**

- Jede **Präposition** verlangt einen **bestimmten Kasus** (Fall) für das Nomen oder Pronomen, das dazugehört:
  - Den **Akkusativ** fordern z. B.: *durch, für, gegen, ohne, um,* z. B.: *für unsere Feier.*
  - Den **Dativ** fordern z. B.: *ab, aus, bei, gegenüber, mit, nach, seit, von, zu,* z. B.: *aus diesem Grund.*
  - Den **Genitiv** fordern z. B.: *außerhalb, innerhalb, anstatt, aufgrund, mangels, mittels, seitens,* z. B.: *außerhalb der Stadt, mangels einer Alternative.*
- Manche Präpositionen können auch mit **zwei verschiedenen Fällen** stehen, z. B.: *an, auf, hinter, in, neben, über, unter, vor, zwischen* → *Er geht vor die Halle* (Akkusativ: Wohin?) – *Er steht vor der Halle* (Dativ: Wo?)
- Andere Präpositionen verlangen den **Genitiv,** können **umgangssprachlich** aber auch **mit dem Dativ** verwendet werden, z. B.: *dank, laut, während, wegen* → *dank des Einsatzes / dank dem Einsatz.*
- Manchmal verlangt ein Verb, ein Adjektiv oder ein Nomen die **Verknüpfung mit einer ganz bestimmten Präposition,** z. B.: *sich freuen auf, einverstanden mit, Interesse an.*
- **Subjekt und Prädikat** müssen im **Numerus** (Anzahl) **übereinstimmen.** Besteht das Subjekt aus einer **Reihung mit *und*,** so gilt das in der Regel als **Plural.** Dann muss auch **das Prädikat im Plural** stehen, z. B.: *Lea und ich formulieren ein Anschreiben.*

1 **a** **Lies den Auszug aus einer E-Mail und unterstreiche alle Präpositionen.**
b **Welchen Kasus (Fall) verlangt die Präposition jeweils? Notiere darüber: A (Akkusativ), D (Dativ) oder G (Genitiv).**
c **Ergänze die in Klammern stehenden Nomen und ihre Begleitwörter im richtigen Kasus (Fall).**

Sehr geehrte Frau Kühn,

wir sind Schülerinnen und Schüler an ~~D~~ der *Anna-Seghers-Schule* (die Anna-Seghers-Schule). Durch ______________________ (Ihre Homepage) sind wir auf ______________________ (Ihr Angebot) aufmerksam geworden. Nach ______________________ (unsere Abschlussprüfung) möchten wir ein Fest mit ______________________ (ein festliches Abendessen) veranstalten. Hierfür benötigen wir einen großen Raum, der etwa 250 Personen Platz bietet. Gerne würden wir den Raum mit ______________________ (festliche Beleuchtung) ausstatten. Falls das Wetter es zulässt, würden wir den Abend gern außerhalb ______________________ (das Gebäude) ausklingen lassen, z. B. in ______________________ (ein Garten). Wäre das möglich? Unser Wunschtermin wäre der 15. Juni. Wir freuen uns über ______________________ (eine schnelle Rückmeldung).

Mit freundlichen Grüßen

Nilgün Beram und Marek Stepanov

2 **Auf die markierten Präpositionen folgt hier jeweils der Dativ. In schriftlichen Texten, z. B. in Anschreiben, sollte nach diesen Präpositionen der Genitiv verwendet werden.**
Formuliere die Sätze so um, dass auf die Präposition jeweils der Genitiv folgt.

Dank dem informativen Prospekt haben wir eine Auswahl treffen können.

Dank des ...

Laut Ihrem Angebot verfügt der Raum über 300 Plätze.

____

Während dem Abend würden wir gern eine Tanzfläche nutzen.

____

Wegen dem nahenden Termin freuen wir uns über eine schnelle Antwort.

____

3 **Im folgenden Antwortschreiben folgt auf drei Präpositionen der falsche Kasus.**
In zwei Fällen stimmen Subjekt und Prädikat im Numerus nicht überein.

a **Streiche die fehlerhaften Wörter durch. Notiere am Rand:** ***falscher Kasus*** **bzw.** ***falscher Numerus.***
b **Schreibe jeweils eine Verbesserung über die durchgestrichenen Wörter.**

VORSICHT FEHLER!

Liebe Nilgün, lieber Marek,

vielen Dank für eure Anfrage. Gerne können wir euch unseren Partyraum, der Platz für 300 Personen bietet, an den angegebenen Termin vermieten. Während den Abend kann die Terrasse und der kleine Garten von euch mitgenutzt werden. Die Terrasse ist überdacht, sodass ihr dort auch bei schlechten Wetter feiern könnt. Es wäre schön, wenn ihr einmal vorbeikommen könntet, um euch den Raum anzusehen. Euer Dekorationswunsch und ein möglicher Termin kann dabei besprochen werden.

Mit freundlichen Grüßen

Anja Kühn

4 **a** **Schreibe fünf Verben und fünf Nomen mit fester Präposition in dein Heft, z. B.** ***gespannt sein auf, Freude an.***
b **Formuliere zu jedem Verb und jedem Nomen mit der entsprechenden Präposition einen Satz.**

Pronomen richtig verwenden

Information | **Pronomen richtig verwenden: Personal-, Possessiv- und Demonstrativpronomen**

Pronomen (Fürwörter) stehen **stellvertretend** für Nomen oder **begleiten** Nomen.

- **Personalpronomen** sind: *ich, du, er/sie/es, wir, ihr, sie.*
  Sie werden wie das Nomen **dekliniert**, d. h., sie treten in verschiedenen Kasus auf, z. B.: *ich* (Nominativ), *meiner* (Genitiv), *mir* (Dativ), *mich* (Akkusativ).
  Bei der Verwendung von Personalpronomen ist es wichtig, dass immer deutlich wird, worauf sich das Personalpronomen **bezieht**, z. B.: *Die Abschlussfeier wird geplant. Sie findet im Juni statt.*
- **Possessivpronomen** sind: *mein, dein, sein/ihr, unser, eurer, ihr* usw.
  Sie zeigen den **Besitz** oder die **Zugehörigkeit** an. Oft begleiten sie Nomen, z. B.: *deine Frage.*
- **Demonstrativpronomen** sind: *dieser, diese, dieses; jener, jene, jenes; solcher, solche, solches; der, die, das* (mit besonderer Betonung). Sie weisen besonders deutlich auf jemanden oder etwas hin, z. B.: *Von allen Ideen gefällt mir diese am besten.*

1 **a** **Markiere im ersten Teil der folgenden E-Mail Personalpronomen, Possessivpronomen und Demonstrativpronomen in den angegebenen Farben.**

Sehr geehrte Frau Kühn,

vielen Dank für Ihre schnelle Antwort. Schön, dass Ihr Raum eine Terrasse hat. Diese würden wir gern mitbenutzen. Gern kommen wir zur Besichtigung vorbei. Passt Ihnen ein Gespräch am Donnerstag, den 15. Mai 20XX, um 18:00 Uhr? Unsere Klasse möchte nämlich möglichst bald mit der konkreten Planung beginnen.

b **Überarbeite den zweiten Teil der E-Mail: Ersetze Nomen, die sich wiederholen, (und ihre Begleitwörter) durch passende Personalpronomen. Schreibe die Personalpronomen jeweils darüber.**

Zudem würden wir gerne wissen, ob Ihr Raum über eine Bühne verfügt, auf der die Abschlussreden gehalten und kleine Präsentationen gezeigt werden können. Die Bühne muss nicht groß sein, sollte aber Platz für einen Stehtisch und eine Leinwand haben. Gibt es außerdem die Möglichkeit, bei Ihnen einen Beamer zu mieten? Wir würden den Beamer gern für eine Präsentation unserer Abschlussfahrt nutzen.

2 **Verbessere im Schluss der E-Mail die falsch verwendeten Personalpronomen. Streiche sie durch und schreibe die richtigen Personalpronomen darüber.**

VORSICHT FEHLER!

Alternativ könnten wir den Beamer unserer Schule zur Vorbesprechung mitbringen. Dann könnten wir testen, ob sie für den Raum geeignet ist. Für die Präsentation der Bilder unserer Abschlussfahrt benötigen wir zudem Lautsprecher. Ihrer Homepage entnehmen wir, dass man ihnen für Veranstaltungen mieten kann. Sind diese an unserem Wunschtermin verfügbar?

Mit freundlichen Grüßen ...

Teste dich! – Auf Kasus, Numerus und Ausdruck achten

1 **a** **Bestimme den Kasus (Fall), der jeweils auf die markierte Präposition folgt. Kreuze an: A (Akkusativ), D (Dativ) oder G (Genitiv).** PUNKTE |3

b **Ergänze in den Lücken jeweils das Nomen und seine Begleitwörter im richtigen Kasus (Fall).** PUNKTE |3

	A	D	G
Aufgrund ______________________ (eine kurzfristige Absage) musste ein neuer Veranstaltungsraum gefunden werden.			
Der neue Saal wird mit ______________________ (zahlreiche Kronleuchter) geschmückt.			
Eine Bühne für ______________________ (die Abschlussreden) ist ebenfalls vorhanden.			

2 **a** **Hier stimmt etwas nicht! Streiche in jedem Satz die Präposition durch, die nicht zum markierten Verb passt.** PUNKTE |2

b **Schreibe jeden Satz neu auf: Ergänze die zum Verb passende Präposition und das darauf folgende Nomen und seine Begleitwörter im richtigen Kasus (Fall).** PUNKTE |2

VORSICHT FEHLER!

Wir bemühen uns von einer schnellen Antwort.

____

Der von Ihnen angefragte Raum eignet sich mit einer großen Feier.

____

3 **Singular oder Plural? Streiche die falschen Verbformen durch.** PUNKTE |2

Jeder einzelne von den Gästen *erhält / erhalten* eine persönliche Einladung.

Der Jahrgangssprecher und die Schulleiterin *bringt / bringen* mit ihren Reden alle zum Lachen.

4 **Vermeide Wiederholungen: Ersetze das markierte Nomen mit seinem Begleitwort jeweils durch ein passendes Personalpronomen. Schreibe es darüber.** PUNKTE |2

Nach dem Essen beginnen viele Gäste zu tanzen, da den Gästen die Musik gefällt.

Die Schulband hat einen großen Auftritt, den die Schulband lange vorbereitet hat.

5 **Prüfe deine Ergebnisse mit Hilfe des Lösungshefts (▶ S. 18). Trage die Punkte neben den Aufgaben ein.** GESAMT |14

☺ 14–12 Punkte	😐 11–8 Punkte	☹ 7–0 Punkte
Gut gemacht! Du kennst dich mit Kasus, Numerus und gutem Ausdruck aus.	Gar nicht schlecht! Wo hattest du Schwierigkeiten? Wiederhole die passenden Übungen auf den Seiten 46–48.	Du solltest noch einmal üben! Arbeite die Seiten 46–48 erneut durch.

Rund ums Verb – Schulleben

Mit Synonymen abwechslungsreich und treffend formulieren

Information | **Mit Synonymen abwechslungsreich und treffend formulieren**

- Zu einem guten Ausdruck gehört es, **störende Wiederholungen** zu **vermeiden** und stattdessen **Synonyme** zu **verwenden**. Das sind Wörter mit gleicher oder ähnlicher Bedeutung.
- Da Synonyme oft nur eine **ähnliche Bedeutung** haben, sollte man **genau abwägen**, welches das Gemeinte am besten ausdrückt, z. B.: *denken → finden, meinen, glauben, überlegen, grübeln, vermuten.*
- Synonyme gibt es nicht nur für **Verben**, sondern z. B. auch für **Nomen** (z. B.: *Wissen, Kenntnisse, Bildung*), **Adjektive** (z. B.: *schnell, eilig, hastig, rasant*) und **Adverbien** (z. B.: *deshalb, darum*).

1 **Mit welchem Verb kannst du im folgenden Briefauszug treffend formulieren?**
Wähle aus den Synonymen in Klammern jeweils das am besten passende aus und ergänze die Lücken.

Sehr geehrter Herr Lorenz,

vielen Dank, dass Sie die Beispielseiten für unsere Abschlusszeitung so schnell ____________ (*entwickelt / entworfen / skizziert*) haben. Sowohl die Farbgestaltung als auch die Schrift ____________ (*gefallen / behagen / beglücken*) uns. Deswegen möchten wir nur kleine Änderungen ____________ (*vorschlagen / anordnen / empfehlen*). Wäre es möglich, unsere Porträts auf jeder Seite etwas größer ____________ (*zu vervielfältigen / herzustellen / abzudrucken*)?

Außerdem möchten wir Sie ____________ (*bitten / auffordern / anweisen*) ...

2 **Formuliere abwechslungsreicher!**
a Unterstreiche die Verben, die sich im Text wiederholen.
b Ersetze jede Wiederholung durch ein passendes Verb aus dem Wortspeicher. Schreibe es darüber.

gestalten • senden • übermitteln • herstellen • anfertigen • produzieren • machen

Liebe Timea,

natürlich können wir eure Porträts größer drucken und die Seiten entsprechend neu drucken. Auch das Cover, dessen Farben euch nicht gefallen, können wir anders drucken. Gern können wir euch neue Vorschläge schicken. Sollen wir diese wieder an eure Schuladresse schicken? ...

3 **Formuliere zeitgemäßer! Ersetze die markierten Wörter durch passende Synonyme (Verben oder Adjektive). Schreibe in dein Heft.**

Es wäre zuvorkommend von Ihnen, wenn Sie ... – Das vorzügliche Ergebnis ... – Wir entsinnen uns leider nicht, was wir ... – Für die Porträts müssen wir uns noch einmal ablichten lassen.

Die Zeitformen des Verbs richtig anwenden

Information **Die Zeitformen des Verbs**

Verben kann man in verschiedenen **Zeitformen (Tempora)** verwenden. Sie sagen uns, wann etwas passiert.

- Das **Präsens (Gegenwartsform):**
  - Es beschreibt, was **jetzt geschieht**, z. B.: *Wir feiern.*
  - Es benennt auch **Gewohnheiten** und **Dauerzustände**, z. B.: *Die Abschlusszeitung erscheint jedes Jahr im Juni.*
  - Darüber hinaus lässt sich mit dem Präsens **Zukunft** ausdrücken, z. B.: *Wir bedanken uns morgen.*
- Das **Präteritum** und das **Perfekt (Vergangenheitsformen):**
  - Das **Präteritum** verwendet man in der Regel beim **schriftlichen Erzählen und Berichten**, z. B.: *Gestern besprachen wir den Ablauf der Feier.* → starkes Verb mit Veränderung des Stammvokals *Wir bestellten die Einladungskarten.* → schwaches Verb mit Veränderung der Endung
  - Das **Perfekt** verwendet man meist beim **mündlichen Erzählen**, z. B.: *wir haben entschieden, wir sind gegangen.*
- Das **Plusquamperfekt** wird verwendet, wenn etwas noch vor einem vergangenen Ereignis geschehen ist **(Vorzeitigkeit)**, z. B.: *Wir diskutierten, nachdem wir den Raum gesehen hatten.*
- Das **Futur** dient dazu, Zukünftiges auszudrücken, z. B.: *Wir werden die Prüfung bestehen.*

1 **a** **Präsens, Perfekt, Präteritum, Plusquamperfekt oder Futur? Unterstreiche die Verbformen in der passenden Farbe.**

b **Ergänze in den Lücken jeweils die fehlende Zeitform.**

A wir blieben – wir bleiben – wir ______________________ – wir sind geblieben – wir werden bleiben

B ihr bringt – ihr brachtet – ihr hattet gebracht – ihr ______________________ – ihr werdet bringen

C sie goss – sie hat gegossen – sie ______________________ – sie wird gießen – sie hatte gegossen

c **Kreuze die richtige Antwort an.**

Bei den Verben in A–C handelt es sich um ☐ starke Verben / ☐ schwache Verben.

2 **Im folgenden Auszug aus einem Zeitungsbericht fehlen alle Verbformen. Bilde zu den Infinitiven in Klammern die passende Personalform im richtigen Tempus.**

[…] Mit einem festlichen Abenddinner ______________ (*feiern*) die Schülerinnen und Schüler der 10. Klassen der Anna-Seghers-Schule am vergangenen Freitag ihren Schulabschluss. Im angemieteten Logenhaus, in dem jedes Jahr die Abschlussfeier ______________ (*stattfinden*), ______________ (*genießen*) die Gäste einen abwechslungsreichen Abend. Nachdem die Jahrgangssprecher in ihrer Rede auf das Schuljahr ______________ (*zurückblicken*), ______________ schließlich die Tanzfläche ______________ (*eröffnet werden*). Bis spät in die Nacht […]

3 **Setze den Bericht aus Aufgabe 2 in deinem Heft fort. Verwende passende Zeitformen.**

Aktiv und Passiv unterscheiden, abwechslungsreich schreiben

Information **Verben im Aktiv und Passiv**

Das **Aktiv** und das **Passiv** drücken eine **unterschiedliche Sicht auf ein Geschehen** aus:
- Das **Aktiv** betont denjenigen, **der** etwas tut oder **handelt,** z. B.: *Die 10. Klassen planen einen Flohmarkt.*
- Das **Passiv** betont, **mit wem oder was etwas geschieht,** z. B.: *Der Flohmarkt wird geplant.*
- Das **Passiv** wird gebildet aus der **Personalform des Hilfsverbs *werden* + Partizip II.**
- Das **Passiv** sollte man nur verwenden, wenn man **die handelnde Person nicht nennen möchte** oder wenn es **auf den Vorgang ankommt** und nicht auf die Person, z. B.: *Auf dem Flohmarkt werden Speisen angeboten.*

1 **a Unterstreiche im folgenden Aufruf alle Aktivsätze gelb und alle Passivsätze grün.**

Schulflohmarkt: Wer macht mit? Wer kann etwas spenden?

Am **Samstag, den 13. Mai,** findet an unserer Schule von **9:00 bis 16:00 Uhr** ein Flohmarkt statt.
Die Stände können die Beteiligten in der Pausenhalle und in der Aula sowie – bei schönem Wetter – auf dem kleinen Pausenhof aufbauen.
Damit der Flohmarkt gelingt, wird noch ein wenig Unterstützung benötigt:
- Zum einen suchen wir Helferinnen und Helfer, die beim Aufbau und Abbau mit anpacken.
- Zum anderen freuen wir uns über Sachspenden. *Gebrauchte Kleidung und aussortiertes Spielzeug kann man im Raum der Jahrgangssprecher (R213) abgeben.*
- Ladet eure Eltern, Geschwister und Freunde zum Bummel über den Flohmarkt ein.
- Übrigens: Wir nehmen gern Spenden für das Kuchenbüfett entgegen!

Vom Verkaufserlös wird bei der Abschlussfeier eine Band bezahlt.

Danke für Ihre/eure Mithilfe!

Jana Siedler und Tom Wagner
(Jahrgangssprecherin/Jahrgangssprecher der 10. Klassen)

b Du kannst den Text abwechslungsreicher formulieren, wenn du die kursiv (schräg) gedruckten Sätze ins Passiv setzt. Schreibe beide Sätze neu auf.

Die Stände …

2 **a Forme den folgenden Aktivsatz ins Passiv um.**
b Erkläre darunter, warum sich das Passiv hier besser eignet.

Das Anmeldeformular für einen Flohmarktstand können Interessierte auf unserer Homepage herunterladen.

Den Konjunktiv I erkennen und verwenden

Information | **Der Konjunktiv I in der indirekten Rede**

Wenn man deutlich ausdrücken möchte, dass **jemand anderes** etwas **gesagt hat**, dann verwendet man die **indirekte Rede.** Sie steht **nicht in Anführungszeichen.**

- Das Verb steht im **Konjunktiv I**, z. B.: *Er sagt, die große Turnhalle **stehe** nicht zur Verfügung.*
- **Der Konjunktiv I** wird gebildet aus dem **Stamm des Verbs** (Infinitiv ohne Endung, z. B.: *wünsch-*) und der entsprechenden Personalendung, z. B.: *ich wünsch-**e**, du wünsch-**est**, er/sie/es wünsch-**e**, wir wünsch-**en**, ihr wünsch-**et**, sie wünsch-**en**.*
- Wenn sich der **Konjunktiv I nicht vom Indikativ Präsens** unterscheidet, dann wird der Konjunktiv II (► S. 55) oder die ***würde*-Ersatzform** verwendet, z. B.:

  Konjunktiv I: *Sie erklären, sie geben das Geld lieber für einen Bandauftritt aus.*
  → Konjunktiv II: *Sie erklären, sie gäben das Geld lieber für einen Bandauftritt aus.*
  → *würde*-Ersatzform: *Sie erklären, sie würden das Geld lieber für einen Bandauftritt ausgeben.*

1 **Markiere in der E-Mail alle Sätze im Konjunktiv I. Unterstreiche die zugehörigen Redebegleitsätze.**

Sehr geehrter Herr Timm,

wir freuen uns, dass am kommenden Samstag unser Schulflohmarkt stattfinden kann. Die Einnahmen möchten wir für den Auftritt einer Band am Abschlussabend verwenden. Die Elternvertreter/-innen schlugen vor, wegen der starken Nachfrage solle auch die große Turnhalle genutzt werden. Unser Hausmeister, Herr Bergs, teilte uns allerdings mit, diese Halle stehe grundsätzlich für solche Veranstaltungen nicht zur Verfügung. Denn die anschließende Reinigung sei nicht geklärt, meinte Herr Bergs. Er wies darauf hin, solche Entscheidungen müsse die Schulleitung treffen.

Es wäre sehr nett, wenn wir über diese Frage noch einmal mit Ihnen sprechen könnten.

Mit freundlichen Grüßen

Jana Siedler und Tom Wagner (Jahrgangssprecherin/Jahrgangssprecher der 10. Klassen)

2 **Der Schulleiter, Herr Timm, äußert sich im Gespräch mit Jana und Tom zu ihrem Anliegen. Gib seine Aussagen in der indirekten Rede wieder. Verwende, wenn es nötig ist, den Konjunktiv II oder die *würde*-Ersatzform. Nutze die Redebegleitsätze aus dem Kasten. Schreibe in dein Heft.**
TIPP: In der indirekten Rede ändern sich die Pronomen, z. B.: *Er sagt: „Ich kann …“ → Er sagt, er könne …*

Der Schulleiter meint • erklärt Herr Timm • Er kündigt an • Der Schulleiter verspricht • überlegt Herr Timm • Abschließend sagt er

3 **Gib die folgenden Aussagen in der indirekten Rede wieder. Formuliere passende Redebegleitsätze.**
- **Verwende, wenn es nötig ist, den Konjunktiv II (▶ S. 55) oder die *würde*-Ersatzform.**
- **Achte darauf, ob die Aussage in der direkten Rede in der Gegenwart oder in der Vergangenheit steht.**
- **TIPP: Personalpronomen und Possessivpronomen ändern sich in der indirekten Rede.**

„Die Einnahmen des Flohmarkts müssen für einen guten Zweck verwendet werden!“ (Mirkan)

Mirkan fordert, …

„Ich finde den Einsatz der Schülerinnen und Schüler vorbildlich.“ (Anne)

„Ich habe gern geholfen und bin mit dem Ergebnis sehr zufrieden!“ (Louis)

„Vielleicht veranstalten wir einen solchen Flohmarkt auch für unseren Jahrgang.“ (Nesrin)

„Die Idee, die Einnahmen für einen Bandauftritt zu verwenden, gefällt mir gut.“ (Leon)

„Den Flohmarkt haben sogar viele Schülerinnen und Schüler der Nachbarschule besucht." (Tom)

4 **Stell dir vor, auf der Schulwebsite wird über den Flohmarkt berichtet.**
- **Verfasse einen kurzen Bericht und verwende dafür auch mindestens zwei Aussagen aus Aufgabe 3.**
- **Schreibe in dein Heft und verwende – wo nötig – die indirekte Rede, z. B.:**

… war ein voller Erfolg und begeisterte auch Schülerinnen und Schüler aus anderen Klassen. Nesrin aus der 9b kündigte an, vielleicht würden sie einen solchen Flohmarkt auch für ihren Jahrgang veranstalten. Mirkan aus der 8a forderte allerdings …

Den Konjunktiv II erkennen und verwenden

Information **Der Konjunktiv II**

Wenn man eine Aussage als **unwirklich**, nur **vorgestellt**, **unwahrscheinlich** oder **gewünscht** kennzeichnen möchte, verwendet man den **Konjunktiv II.**

- **Bildung des Konjunktivs II:** Der Konjunktiv II wird in der Regel vom **Präteritum Indikativ** abgeleitet. Bei **starken Verben** werden ***a, o, u*** im Wortstamm zu ***ä, ö, ü***, z. B.:
  er sprach → er spräche, er flog → er flöge, er trug → er trüge.
- Anstelle des Konjunktivs II wird die ***würde*-Ersatzform** verwendet,
  – wenn **der Konjunktiv II** vom **Präteritum nicht zu unterscheiden ist**, z. B.: *wir liefen → wir würden laufen,*
  – oder wenn die Formulierung ungewöhnlich klingt, z. B.: *er schlüge vor, sie verböte.*
  Die *würde*-Ersatzform hat sich im **mündlichen Sprachgebrauch** zunehmend durchgesetzt, nimmt aber auch im schriftlichen Sprachgebrauch zu.
- Der **Konjunktiv II** steht auch dann, wenn man bei der Wiedergabe einer Aussage **Zweifel** hat, z. B.:
  „Das Restaurant ist zu teuer!" (David) → David befürchtet, dass das Restaurant zu teuer ***wäre****.*

1 **In der 10 a haben die Schülerinnen und Schüler ihre Wünsche für eine gelungene Abschlussfeier notiert. Verwende Einleitungssätze aus dem Kasten und formuliere die Aussagen mit dem Konjunktiv II oder der *würde*-Ersatzform. Schreibe in dein Heft. Du kannst so beginnen:**

Es wäre schön, wenn ... • Ich fände es wunderbar, wenn ... • Ich würde mich freuen, wenn ... • Mir würde es gefallen, wenn ... • Es wäre zu begrüßen, wenn ...

Es wäre schön, wenn wir ein Fünf-Gänge-Menü in einem ...

2 **Schreibe die folgenden Sätze so um, dass Zweifel an den Behauptungen von Timo und Lea deutlich werden.**

Timo behauptet, dass er die ganze Nacht durchtanzen kann. – Lea meint, dass Mia die lustigste Rede hält.

____

____

3 **Welche Wünsche hast du für deine Abschlussfeier? Schreibe passende Sätze in dein Heft und verwende dabei den Konjunktiv II oder die *würde*-Ersatzform, z. B.:**

Ich würde mich freuen, wenn wir ein Gartenfest veranstalten könnten. Außerdem wäre es schön, wenn ...

Teste dich! – Rund ums Verb

1 Der folgende Artikel, der in der Schülerzeitung erscheinen soll, muss noch überarbeitet werden:
- Ein Verb wird wiederholt und muss durch ein Synonym ersetzt werden.
- In drei Sätzen stimmt das Tempus nicht.
- Bei zwei aufeinanderfolgenden Passivsätzen muss der zweite Satz ins Aktiv gesetzt werden.
- In zwei Sätzen muss die indirekte Rede verwendet werden.

a Unterstreiche die Fehler. Schreibe Stichwörter zur Korrektur an den Rand, z. B.: *falsches Tempus.* PUNKTE |7

b Überarbeite den Text und schreibe ihn neu in dein Heft. PUNKTE |7

VORSICHT FEHLER!

Überraschung bei der Abschlussfeier

Am vergangenen Samstag wurde im Logenhaus der Abschlussabend des 10. Jahrgangs gefeiert. Bis spät in die Nacht wurde zu Livemusik getanzt. Alle Schüler/-innen und ihre Begleitpersonen erschienen dem Motto des Abends gemäß in festlicher Abendgarderobe. Nachdem man das Dinner servierte und die Gäste ein Drei-Gänge-Menü genossen, wurden mehrere Reden gehalten. Jahrgangssprecherin Jana Siedler blickt auf die vergangene Schulzeit zurück und erinnert an die Klassenfahrt im Mai nach Italien und an das Engagement vieler Schüler/-innen am Sozialen Tag. Es ist erfreulich, wie viele sich für andere eingesetzt haben, erklärte Jana in ihrer Rede. Auch Frau Weber, eine der Elternvertreterinnen, lobte in ihrer Ansprache den Einsatz der Schülerinnen und Schüler. Sie hofft, dass sich ein solches Engagement auch im späteren Berufsleben zeigen wird, betonte Frau Weber.

Für eine Überraschung sorgte Henning Lorenz, der Sänger der Band „Five Seconds". Bei dem gut besuchten Schulflohmarkt haben die Schüler/-innen des 10. Jahrgangs sehr viel Geld eingenommen, das sie für den Auftritt der Band verwendeten. Henning erklärte sich bereit, einen Teil des Geldes für einen guten Zweck zu verwenden.

2 Prüfe deine Ergebnisse mit Hilfe des Lösungshefts (▶ S. 20). Trage die Punkte neben den Aufgaben ein. GESAMT |14

☺ 14–12 Punkte	☺ 11–8 Punkte	☹ 7–0 Punkte
Gut gemacht! Du kennst dich mit Verben aus.	Gar nicht schlecht! Wo hattest du Schwierigkeiten? Wiederhole die passenden Übungen auf den Seiten 50–55.	Du solltest noch einmal üben! Arbeite die Seiten 50–55 erneut durch.

Sätze angemessen formulieren – Kuriose Berufe

Sätze sinnvoll verknüpfen

Information **Satzreihe (Hauptsatz + Hauptsatz) und Satzgefüge (Hauptsatz + Nebensatz)**

Mit **Satzreihen** und **Satzgefügen** kann man Sätze verknüpfen, um **Zusammenhänge** zu verdeutlichen, z. B. Aussagen über Zeit, Ort, Art und Weise, den Grund, die Bedingung, den Zweck oder die Folge.

Satzreihe
Es entstehen ständig neue Berufe (Hs 1), *denn in der Arbeitswelt entwickeln sich andere Anforderungen* (Hs 2).
Im Hauptsatz steht die Personalform des Verbs an der zweiten Stelle.
Konjunktionen, z. B.: *aber, denn, oder, und.*
Die Hauptsätze werden durch Komma getrennt, nur vor *und* bzw. *oder* muss kein Komma stehen.

Satzgefüge
Es entstehen ständig neue Berufe (Hs), *weil sich in der Arbeitswelt andere Anforderungen entwickeln* (Ns).
Im Nebensatz steht die Personalform des Verbs am Ende.
Konjunktionen, z. B.: *als, damit, nachdem, weil, wenn.*
Hauptsatz und Nebensatz werden immer durch Komma getrennt.

1 a **Zeige den Zusammenhang in den folgenden Sätzen auf. Ergänze in den Lücken jeweils eine passende Konjunktion aus dem Wortspeicher und setze das Komma.**
b **Notiere in den Kästchen, ob es sich um eine Satzreihe (SR) oder ein Satzgefüge (SG) handelt.**

und • da • indem • denn • weil

U-Bahnstopfer in Japan

A [SG] Der U-Bahnverkehr in Japan gilt als äußerst pünktlich __________ es dort auch in der Rushhour nur zu wenigen Verspätungen kommt.

B [ ] Die geringen Verspätungen sind unter anderem den U-Bahnmitarbeitern zu verdanken __________ sie helfen den Fahrgästen.

C [ ] Auf den vollen Bahnsteigen stehen Metroangestellte __________ diese weisen den Pendlern den Weg in die Waggons.

D [ ] __________ das U-Bahnsystem der japanischen Hauptstadt Tokio besonders stark genutzt wird hilft man dort in den Stoßzeiten auch mit der Hand nach.

E [ ] Die so genannten Drücker, die Oshiyas, versuchen, eine optimale Raumausnutzung in den Waggons zu erreichen __________ sie weitere Passagiere in die überfüllten Züge hineinpressen.

2 **Formuliere die Sätze A, B und D um: jedes Satzgefüge in eine Satzreihe und umgekehrt. Du musst andere Konjunktionen verwenden: *weil, denn*. Schreibe in dein Heft.**
TIPP: Manchmal musst du die Abfolge der Teilsätze verändern.

A [SR] Der U-Bahnverkehr in Japan gilt als äußerst pünktlich, denn dort ...

Schachtelsätze und Füllwörter vermeiden

Information **Übersichtlicher Satzbau**

Zu einem **guten Stil** gehört es, **Schachtelsätze und Füllwörter** zu **vermeiden**. So werden Texte für die Leserinnen und Leser klarer und übersichtlicher.

- **Vermeide** komplizierte Satzgefüge, die **(mehrere) eingeschobene Nebensätze** und **lange vorangestellte Attribute** enthalten.
- Prüfe mit der **Weglassprobe**, welche **unnötigen Füllwörter** in einem Text gestrichen werden sollten, z. B.: *durchaus, ganz, insgesamt, quasi, recht, sozusagen, übrigens, wohl.*

1 **Überarbeite die Schachtelsätze A und B.**

a **Zeichne wie im Satz A unter den Satz B das Satzbaumuster.**

b **Formuliere die beiden Schachtelsätze in übersichtliche Satzgefüge um.**

A Berufe, von denen, weil sie kurios sind, nicht schon jeder gehört hat, sind gar nicht so selten.

—Hs— —Hs (Fortsetzung)—

—Ns 1— —Ns 1 (Fortsetzung)—

—Ns 2—

B In einigen dieser Berufe können Menschen, die sich geschickt anstellen, wenn sie fleißig sind, sogar viel Geld verdienen.

—Hs—

Kuriose Berufe, von denen nicht ____________________

____

In einigen ______________________________

____

2 **Verbessere den Stil des folgenden Textausschnitts. Streiche alle Füllwörter.**

Bei ganz vielen traditionellen Berufen sind übrigens die Aufgaben wohl durchaus jedem bekannt. Es gibt insgesamt aber auch Berufe, von denen wohl nicht schon jeder gehört hat. Das liegt schlussendlich wahrscheinlich daran, dass diese Berufe sozusagen sehr kurios sind. Oder habt ihr wohl schon einmal von U-Bahnstopfern, Schlangestehern oder Wasserrutschentestern gehört?

3 **Überarbeite den Text über den Beruf als Schlangesteher: Schreibe ihn in dein Heft und löse dabei die Schachtelsätze auf, indem du übersichtliche Satzgefüge und Satzreihen bildest.**

Schlangesteher

Hasst du es auch so, in einer Schlange zu stehen und zu warten, endlos zu warten? Es gibt Menschen, die das für dich übernehmen, indem sie sich für dich anstellen und dir so den Platz frei halten und aus dem Schlangestehen sogar einen Beruf gemacht haben, in dem sie gar nicht so schlecht verdienen. Als Schlangesteher benötigt man viel Geduld, weil man manchmal wirklich lange warten muss und gerade bei extremen Temperaturen kann der Job, weil man entweder der Kälte oder der Hitze ausgesetzt ist, unangenehm werden.

4 **Notiere im Heft: Warum sollte man in einem Informationstext Füllwörter vermeiden?**

Mit Attributen und Relativsätzen genau formulieren

Information **Attribute und Relativsätze**

Mit **Attributen** und **Relativsätzen** kann man **genauer** und **anschaulicher** formulieren.

- **Attribute** beschreiben ein Bezugswort näher. Sie bleiben bei der Umstellprobe fest damit verbunden, z. B.: *Immer wieder | entstehen | ungewöhnliche Berufe. – Ungewöhnliche Berufe | entstehen | immer wieder.*
- **Relativsätze** sind Nebensätze, die ein vorangestelltes Bezugswort (Nomen oder Pronomen) näher erklären. Sie werden durch ein **Relativpronomen** (alle Formen von *der, die, das, welcher, welche, welches*) eingeleitet, die Personalform des Verbs steht am Ende. Relativsätze werden durch Komma abgetrennt, z. B.: *Es gibt ungewöhnliche Berufe, die auch noch gut bezahlt sind.*
  Attribut Komma Relativsatz
  Relativsätze werden auch **Attributsätze** genannt, weil sie ein Attribut ersetzen können.

1 **In dem Text über den Wasserrutschentester fehlen wichtige Informationen. Überarbeite ihn im Heft: Entscheide bei jedem markierten Wort, ob du ein Attribut oder einen Relativsatz aus dem Kasten ergänzt. Denke daran: Ein Relativsatz wird durch Komma(s) vom Hauptsatz getrennt.**

nicht für wasserscheue Menschen geeigneter Job / Job, der nicht für wasserscheue Menschen geeignet ist
junge Menschen / Menschen, die jung sind
von ihm gesammelten Erfahrungen / Erfahrungen, die er gesammelt hat
mit einer Kopfkamera rutschenden Testern / Testern, die mit einer Kopfkamera rutschen
nicht nass werdender Beobachter / Beobachter, der nicht nass wird

Wasserrutschentester

Wasserrutschentester ist ein Job. Tourismuskonzerne und Vergnügungsparkbetreiber suchen immer wieder Menschen, um Wasserrutschen überall auf der Welt testen zu lassen. Ein Wasserrutschentester darf aber nicht nur um die Erde fliegen, sondern er muss auch über die Erfahrungen berichten. Im Internet findet man Berichte von Testern. So kann man als Beobachter den Nervenkitzel einer „Rutschfahrt" live miterleben.

2 **Bei der folgenden Berufsbeschreibung erschweren zu lange Attribute die Lesbarkeit.**

a **Forme die unterstrichenen Attribute in Relativsätze um. Schreibe die vollständigen Sätze in dein Heft. Nutze die vorgegebenen Anfänge.**

b **Prüfe deine Sätze: Markiere die Relativpronomen und setze die nötigen Kommas.**

Hüter der Kokosnüsse

Durch von Bäumen herabfallende Kokosnüsse sterben jährlich mehr Menschen, als man denkt. Daher gibt es die Aufgabe des „Kokosnusshüters". Bei diesem Beruf handelt es sich um einen Menschen buchstäblich auf die Palme bringenden Job. Kokosnusshüter klettern nämlich täglich mehrmals auf die dicht mit reifen Früchten behängten Palmen. Sie ernten die Kokosnüsse und verhindern so, dass jemand zu Schaden kommt.

Durch Kokosnüsse ...
Bei diesem Beruf handelt es sich um einen Job ...
Kokosnusshüter klettern nämlich täglich mehrmals auf Palmen ...

3 **Formuliere weniger umständlich: Wandle jeweils den Relativsatz in ein Attribut um. Schreibe in dein Heft.**

Kokosnusshüter, die aufmerksam sind, sorgen dafür, dass niemand verletzt wird.
Die Kokosnüsse, die reif sind, werden nämlich von den Aufpassern geerntet, bevor sie herunterfallen können.

dass-Sätze richtig verwenden

Information *dass*-Sätze – Subjekt- und Objektsätze

Nebensätze, die mit ***dass*** beginnen, nehmen im Satz häufig die Rolle des **Subjekts** oder des **Objekts** ein, z. B.:

- **Subjektsatz:** *Klar ist, dass es viele ungewöhnliche Berufe gibt.*
  Frage: *Wer oder was ist klar?* Antwort: *..., dass es viele ungewöhnliche Berufe gibt.*
- **Objektsatz:** *Ich weiß, dass es viele ungewöhnliche Berufe gibt.*
  Frage: *Wen oder was weiß ich?* Antwort: *..., dass es viele ungewöhnliche Berufe gibt.*

Nebensätze mit *dass* werden durch Komma abgetrennt. Sie stehen meist vor oder nach dem Hauptsatz.
Mit einem *dass*-Satz kann man die **Äußerungen Dritter** wiedergeben, z. B.:
Ein Berufsberater erklärt, dass es viele kuriose Berufe gibt.

1 a **Formuliere die folgenden Aussagen zu *dass*-Sätzen um. Setze die Kommas.**
b **Markiere Subjektsätze gelb und Objektsätze grün.**

A Viele Menschen bezweifeln die Existenz eines Jobs mit der Bezeichnung „Golfballtaucher".

Viele Menschen bezweifeln, dass ______________________

B Aber das Bergen von fehlgeschlagenen Bällen aus den Gewässern eines Golfplatzes ist notwendig.

Aber es ist notwendig ______________________

C Das Arbeiten eines Tauchers auf dem Grund des Gewässers erkennt man an Bläschen auf der Oberfläche.

An Bläschen ______________________

D Die Beachtung von Vorsichtsregeln auch durch Golfballtaucher versteht sich von selbst.

Dass ______________________

2 **Welche Funktion haben *dass*-Sätze? Streiche Unzutreffendes durch.**

Durch die Bildung von *dass*-Sätzen kann man Adjektive / Nebensätze / Nominalisierungen / Nomen vermeiden.

3 **Die folgenden Aussagen eines Golfballtauchers sollen in einem Bericht wiedergegeben werden.**
Wähle zu jedem Redebegleitsatz eine passende Aussage und gib diese in einem *dass*-Satz wieder.
TIPP: Du kannst in einer Redewiedergabe mit *dass*-Satz den Indikativ oder den Konjunktiv (▶ S. 53) verwenden.

Ein Golfballtaucher berichtet ...

Er weist darauf hin ...

Mit Adverbialsätzen Zusammenhänge herstellen

Information **Adverbialsätze**

Mit **Adverbialsätzen** kann man Sachverhalte logisch verknüpfen. Die Frageprobe hilft, den logischen Zusammenhang zu klären und das richtige Verknüpfungswort auszuwählen.

Adverbialsatz (Zusammenhang)	**Frageprobe**	**Verknüpfungswörter** (Beispiele)
▪ **Adversativsatz** (Gegenüberstellung)	Im Gegensatz wozu?	*während, wohingegen*
▪ **Finalsatz** (Zweck, Ziel)	Wozu?	*damit*
▪ **Kausalsatz** (Grund, Ursache)	Warum? Aus welchem Grund?	*da, weil*
▪ **Konditionalsatz** (Bedingung)	Unter welcher Bedingung?	*wenn, falls, sofern*
▪ **Konsekutivsatz** (Folge, Wirkung)	Mit welcher Folge?	*sodass, so ... dass, ohne dass*
▪ **Konzessivsatz** (Einräumung)	Mit welcher Einschränkung?	*obwohl, obgleich, auch wenn*
▪ **Lokalsatz** (Ort)	Wo? Woher? Wohin?	*wo, woher, wohin*
▪ **Modalsatz** (Art und Weise)	Wie? Womit? Wodurch?	*indem, als ob, wie*
▪ **Temporalsatz** (Zeit)	Wann? Seit wann? Wie lange?	*als, bevor, nachdem, sobald*

Adverbialsätze können **vor** oder **nach dem Hauptsatz** stehen oder in ihn **eingeschoben** werden. Sie werden durch **Komma** vom Hauptsatz getrennt. Die Personalform des Verbs steht am Ende.

1 a **Setze in die Lücken jeweils eine passende Konjunktion aus dem Wortspeicher ein.**
b **Unterstreiche die Adverbialsätze und markiere alle Personalformen der Verben.**

auch wenn • da • obwohl • falls • weil • während • bevor • indem • damit • sobald

Fensterputzer im Haifischbecken

__________ *(Kausalsatz)* die Fensterflächen in einem Haifischbecken von Muscheln und Algen zugesetzt werden, müssen sie regelmäßig gereinigt werden. __________ *(Temporalsatz)* es so weit ist, steigen Fensterputzer in das Bassin, um die Scheiben zu säubern. __________ *(Konzessivsatz)* sie immer zu zweit in voller Taucherausrüstung in das Becken steigen, macht sich jeweils nur einer von ihnen an den Fenstern zu schaffen. __________ *(Temporalsatz)* der eine putzt, beobachtet der andere die Haie. Die Taucher mit ihrer schweren Ausrüstung müssen sehr wachsam sein, __________ *(Kausalsatz)* die Haie sehr viel wendiger als sie selbst sind. __________ *(Konzessivsatz)* die Tiere eigentlich nicht aggressiv sind, kommen sie den Menschen manchmal recht nah. Sie wollen ihre Neugier befriedigen, __________ *(Modalsatz)* sie die Menschen aufspüren. Um die Gefahr zu verringern, werden die Tiere gefüttert, __________ *(Temporalsatz)* die Putzer mit der Reinigung der Scheiben beginnen. __________ *(Konditionalsatz)* doch einmal ein Hai angreifen sollte, greift der „Haifaischbecken-Fensterputzer" zu einem Stock, mit dem er die Meeresräuber abwehren kann. __________ *(Finalsatz)* Zwischenfälle vermieden werden, unterteilt man in vielen Zoos das Haifischbecken vor jedem Putzeinsatz mit einem Metallgitter.

2 **Verknüpfe die folgenden Satzpaare jeweils zu einem Satzgefüge mit dem vorgegebenen Adverbialsatz.**

Rabenhüter am Londoner Tower

A Seit Jahrhunderten werden am Tower of London Raben gehalten. Zum Wahrzeichen der britischen Hauptstadt gehören sie einfach dazu.

Kausalsatz: Seit Jahrhunderten werden am Tower of London Raben gehalten, weil

____

B Ein Rabenhüter kümmert sich um die Vögel. Er füttert sie, reinigt ihre Käfige und stutzt ihnen die Flügel.

Modalsatz: ____________________________________

____

C Man kann sich um den Job bewerben. Man hat mindestens 22 Jahre in der britischen Armee gedient.

Konditionalsatz: ________________________________

____

Temporalsatz: __________________________________

____

3 **Überarbeite den Text: Streiche falsch gewählte Konjunktionen durch und notiere passende am Rand.**

VORSICHT FEHLER!

Eine Legende besagt: Das Königreich wird untergehen, obwohl die sechs Raben im Londoner Tower einmal nicht mehr da sind. Falls er die Existenz des Königreiches sichern wollte, erließ Charles II. (1630–1685) ein Dekret, wonach immer sechs Raben im Tower leben müssen. Während es den hauptamtlichen Raben (und ihren Ersatzkollegen) ständig gut geht, gibt es dafür einen Verantwortlichen: den Yeoman Warder Ravenmaster. Damit er frühmorgens in den Tower gekommen ist, füttert er die Raben und lässt sie aus den Käfigen. Das Wegfliegen der Vögel wird verhindert, bevor man ihnen die Flügel stutzt. Obwohl es dunkel wird, müssen die Raben gefangen und in ihre Käfige zurückgebracht werden. Indem sie nämlich auch nachts frei herumlaufen würden, könnten sie von Hunden oder anderen Tieren getötet werden.

Als der Ravenmaster nur morgens und abends für die Raben sorgen muss, kann er tagsüber auch noch als Yeoman Warder arbeiten. Die Yeoman Warders sorgen für Ordnung im Tower of London und führen die Touristen durch das ehrwürdige Bauwerk.

4 **Bestimme die korrigierten Adverbialsätze. Schreibe die Bezeichnungen am Rand neben die richtigen Konjunktionen.**

Teste dich! – Satzbau

1 **Kreuze an, welcher Nebensatz jeweils vorliegt.**

PUNKTE |3

A Hast du dich auch schon gewundert über die Zuschauer in Fernsehsendungen, die ständig bester Laune sind und immer an den richtigen Stellen lachen und applaudieren?	☐ Relativsatz ☐ Kausalsatz
B Sie sind so gut gelaunt, weil ein Warm-Upper sie bereits vor Beginn der Sendung mit einem Vorprogramm auf die eigentliche Show einstimmt.	☐ Konzessivsatz ☐ Kausalsatz
C Auch während der Sendung bewirkt der Warm-Upper, dass das Publikum an den richtigen Stellen klatscht und lacht.	☐ Subjektsatz ☐ Objektsatz

2 **Verbinde die Sätze A bis D jeweils zu einer Satzreihe (SR) und/oder zu einem Satzgefüge (SG). Verwende die Konjunktionen *aber, damit, und, weil, denn, obwohl*. Setze die Kommas.**

PUNKTE |6

A „Warm-up" kommt aus dem Englischen. Wörtlich bedeutet es „aufwärmen".

SR: ______________________________

B Das Publikum verhält sich wie von den Produzenten gewünscht. Der Warm-Upper sorgt auch während der Sendung für Applaus an den richtigen Stellen.

SR: ______________________________

____

SG (Kausalsatz): ______________________________

____

C Besonders in Shows mit Publikumsbeteiligung ist der Warm-Upper wichtig. Die Zuschauer machen alles richtig.

SG (Finalsatz): ______________________________

D Ein Warm-Upper hat selbst manchmal schlechte Laune. Er muss die Leute trotzdem mit Späßen in Stimmung bringen.

SR: ______________________________

SG (Konzessivsatz): ______________________________

3 **Formuliere den Schachtelsatz im Heft so um, dass sich ein übersichtlicher Satzbau ergibt.**

PUNKTE |1

Ein Warm-Upper, der für Applaus, der laut und stürmisch ist, an den richtigen Stellen in einer Fernsehshow verantwortlich ist, bringt, wenn er gut ist, das Publikum bereits in Stimmung, bevor die Sendung begonnen hat.

4 **Prüfe deine Ergebnisse mit Hilfe des Lösungshefts (▶ S. 21). Trage die Punkte neben den Aufgaben ein.**

GESAMT |10

☺ 10–9 Punkte	😐 8–6 Punkte	☹ 5–0 Punkte
Gut gemacht! Du kennst dich mit Sätzen aus.	Gar nicht schlecht! Wo hattest du Schwierigkeiten? Wiederhole die passenden Übungen auf den Seiten 57–62.	Du solltest noch einmal üben! Arbeite die Seiten 57–62 erneut durch.

Was kann ich schon? – Rechtschreibstrategien und -regeln

1 **Welche Strategie hilft dir, die fett gedruckten Stellen in den Wörtern richtig zu schreiben? Trage die Wörter in die zutreffende Tabellenspalte ein.** PUNKTE /12

erkl**ä**ren • er erfan**d** • das **Ch**aos • der Flu**g**begleiter • wichti**g** • bewe**g**lich • die S**äu**le • der Abschni**tt** • die Bil**d**betrachtung • h**äu**slich • die Ba**h**n • **ä**ndern

Verlängern	Zerlegen	Ableiten	Merken

2 **Streiche die falsch geschriebenen Wörter durch und schreibe Beweiswörter für die richtige Schreibung auf die Linien.** PUNKTE /7

der Metaldetektor/Metalldetektor ______ die Grifleiste/Griffleiste ______

der Werkstof/Werkstoff ______ der Angestellte/Angestelte ______

die Schnitmenge/Schnittmenge ______ der Rollladengurt/Rolladengurt ______

die Brantschutzbeauftragte/Brandschuzbeauftragte/Brandschutzbeauftragte

______ und ______

3 **Markiere die Wörter, die mit einem Dehnungs-*h* geschrieben werden.** PUNKTE /12

ahnen • bohren • drehen • ehren • erwähnen • fahren • gehen • gähnen • die Höhle • ihren • die Jahre • die Kohle • leihen • mahlen • nähern • ohne • oho • wehen

4 **a Notiere auf der Linie die Wörter, die mit *ß* zu schreiben sind.** PUNKTE /5

ESSEN: Der Mensch ist, was er ISST und was er immer schon gerne ASS.
MESSEN: Der Schneider MISST mit dem MASSBAND. Gestern hat er die MASSE für ein neues Kleid GEMESSEN und dabei die MESSLATTE hoch gehängt.
GIESSEN: Wenn du grünen Tee zubereitest, solltest du kein kochendes WASSER auf die Teeblätter in der Teekanne GIESSEN. Nur HEISS AUFGEGOSSEN schmeckt er am besten.

______

b Streiche in der folgenden Regel das falsche Wort. PUNKTE /1

Den zischenden *s*-Laut schreibt man als *ß*, wenn die erste Silbe offen/geschlossen ist.

5 **a** **Markiere im Text die Fehler bei der Großschreibung.** PUNKTE |27
b **Unterstreiche Nominalisierungen.** PUNKTE |4

Parkour, mehr als eine beliebte Sportart

VORSICHT FEHLER!

Wenn man sie in der stadt sieht, muss man sich die augen reiben, weil man kaum glauben kann, was man sieht. Die rede ist von traceuren, die sich in einem selbst gewählten parkour durch die stadt bewegen. Sie nutzen keine straßen und wege, sondern überwinden, was andere menschen für unüberwindbare hindernisse halten. Das hangeln von ast zu ast, das springen über alles, was ihnen im weg steht, und das klettern an hohen mauern gehört genauso dazu wie der sprung über autos. Jeder traceur sucht sich einen eigenen weg durch die stadt, der von seinen fähigkeiten und seiner körperlichen verfassung abhängt. Traceure können zusammen üben, einen wettbewerb gibt es nämlich nicht, nur das freundschaftliche vergleichen der fähigkeiten.

6 **a** **In der Fortsetzung des Textes fehlen 7 Kommas. Setze sie richtig ein.** PUNKTE |7
b **Schreibe in die Klammern die Abkürzung der Regel, gegen die verstoßen wurde: Kommasetzung bei Gegensätzen (G), Satzreihen (SR), Satzgefügen (SG), Infinitivsatz (I), Relativsatz (R).** PUNKTE |7
c **Setze ein weiteres Komma, das stehen kann, aber nicht stehen muss.** PUNKTE |1

Der Begriff „Traceur“ kann mit „Wegfinder“ übersetzt werden weil jeder Aktive sich auf ganz eigenen Wegen durch die Stadt bewegt. (   ) Für diesen Sport gibt es keine festen Regeln aber jeder ist verpflichtet Verantwortung für seine Verhaltensweisen zu übernehmen. (   ) *und* (   ) Niemand darf verletzt werden fremdes Eigentum darf nicht beschädigt werden. (   ) Das Ziel ist es sich sportlich zu betätigen und die Stadt individuell zu erleben. (   ) Hindernisse werden nicht als Hindernisse gesehen sondern als Herausforderungen die zu überwinden sind. (   ) *und* (   ) Für Parkour braucht man keine besondere Ausrüstung und jeder sportliche Mensch kann mitmachen.

7 **Getrennt oder zusammen? Schreibe die markierten Wörter richtig auf die Linien.** PUNKTE |10

Was für die meisten ein Freizeit+Sport ist, ist für einige Menschen ein Beruf. Firmen, die für den Bau von Hochsicherheits+Gefängnissen oder für die Sicherheit der Häuser von Super+Reichen verantwortlich+sind, können mit Hilfe von Traceuren Sicherheitslücken auf+decken. Eine Gruppe von bestens+qualifizierten Parkour-Sportlern wird z. B. in ein Gefängnis gebracht und muss einen Ausbruchsversuch unternehmen. So lassen sich Schwach+Stellen fest+stellen, an denen echte Gefangene in die Freiheit entkommen+könnten. Wenn es den Traceuren gelingt, das Gefängnis innerhalb kurzer Zeit zu verlassen, muss nach+gebessert werden.

____

____

8 **Prüfe deine Ergebnisse mit Hilfe des Lösungshefts (▶ S. 22). Trage die Punkte neben den Aufgaben ein. Zähle deine Punkte zusammen und notiere deine Übungsschwerpunkte auf der Linie.** GESAMT |93

☺ 93–89 Punkte	☺ 88–46 Punkte	☹ 45–0 Punkte
Bravo! Welche Rechtschreibstrategien und -regeln solltest du trotzdem wiederholen? ______	Nicht schlecht! Mit welchen Rechtschreibstrategien und -regeln hattest du noch Schwierigkeiten? ______	Du solltest alle Rechtschreibstrategien und -regeln wiederholen. Welche bereiten dir besondere Probleme? ______

Rechtschreibstrategien anwenden – Fehler vermeiden

Strategien: Wörter verlängern und zerlegen

Methode **Wörter verlängern und zerlegen**

- Bei **Einsilbern** und bei einigen Zweisilbern kann man Buchstaben am **Wortende** nicht immer sicher zuordnen. **Verlängert** man die Wörter um eine Silbe, erkennt man die richtige Schreibung, z. B.: *der Weg → die Wege.*
- Um die Schreibung in **zusammengesetzten Wörtern** zu ermitteln, kann man diese in ihre Bestandteile **zerlegen** und die Einzelwörter anschließend **verlängern**, z. B.: *der Hand|schuh → die Hände.*

1 a **Im folgenden Suchrätsel verstecken sich 9 Wörter, von denen man 3 Einsilber und 4 Zweisilber verlängern muss, um die richtige Schreibung zu beweisen. Markiere diese Wörter.**
b **Schreibe diese Einsilber und Zweisilber mit einer Verlängerungsform auf.**

H	I	C	U	R	L	A	U	B	H
Ö	N	W	T	D	G	E	N	U	G
I	D	W	E	G	N	A	T	U	R
A	X	E	V	X	L	G	E	H	F
Q	E	Z	K	W	A	L	D	D	Ö
A	U	S	F	L	U	G	J	A	A
Y	D	V	P	B	E	T	R	A	G
E	S	T	R	A	N	D	U	Ö	C
A	X	H	I	M	M	E	L	C	F

2 **Ergänze Verben im Präteritum, die sich reimen. Notiere Verlängerungen, mit denen du die Schreibung begründen kannst.**

er wog	*wir wogen*	sie nannte	*nennen*	er rollte	
sie b		er r		es gr	
er l		es br		sie schm	
sie z		es sp		ich w	

3 **Markiere die schwierigen Stellen in den folgenden Wortzusammensetzungen.**
Zerlege und verlängere die Wörter. Beispiel: betrüb|lich – betrüben, Anzug|größe – die Anzüge

der Abendstern ______ erheblich ______ vergnüglich ______

der Wildhüter ______ tausendfach ______ endlich ______

4 **Markiere in den beiden Sätzen alle Stellen, an denen man die Wörter verlängern kann, um die richtige Schreibung zu beweisen. Zusammengesetzte Wörter musst du zuerst zerlegen.**

Der Fotograf zeigt in seinem Bildband, wie heftig ein Sandsturm sein kann. Er musste beim Fotografien sorgsam und vorsichtig sein, denn so ein Wind wird schnell zu einer tödlichen Gefahr.

Strategien: Wörter ableiten und merken

Methode **Wörter mit *ä* und *äu* ableiten**

Der Vokal *e* und der Zwielaut *eu* sind leicht mit *ä* und *äu* zu verwechseln. Dagegen hilft das **Ableiten.**
- Ableiten heißt: **verwandte Wörter** mit ***a*** und ***au*** finden, z. B.: *nähen* – denn: *die Naht.*
- **Wörter mit *ä/äu,*** für die man **kein verwandtes Wort** findet, muss man sich **merken,** z. B.: *der Säbel.*
- **Fremdwörter** und **Fachwörter** mit ***ä*** gehören zu den **Merkwörtern,** z. B.: *das Prädikat.*

1 **a Welche Wörter aus dem Kasten kannst du ableiten, welche musst du dir merken? Markiere die Wörter, die du ableiten kannst.**
b Schreibe verwandte Wörter mit *a* oder *au* auf die Linien.

das Gebäude • der Pädagoge • das Gehäuse • die Säule • das Knäuel • bäuerlich • gräulich • der Bär • die Säge • die Lärche • der Käse • das Mädchen • allmählich • kränken • häkeln • nähern • anlässlich • verlässlich • schädlich • prägen • äußerst • säuerlich

____

____

____

2 **a Markiere im Wortgitter waagerecht alle Fremdwörter mit *ä*.**

A	V	R	E	A	L	I	T	Ä	T	S	U
I	P	A	S	S	I	V	I	T	Ä	T	O
U	X	Ä	T	H	E	R	M	O	Y	Z	R
B	A	A	K	T	I	V	I	T	Ä	T	L
L	M	Ä	Q	U	A	T	O	R	I	N	E
O	K	A	P	I	T	Ä	N	E	R	I	B
E	S	E	K	R	E	T	Ä	R	I	N	O
M	Ä	S	T	H	E	T	I	S	C	H	I
R	Ä	T	H	I	O	P	I	E	N	O	N
I	R	U	D	I	M	E	N	T	Ä	R	E

b Erkläre die Fremdwörter: Ordne sie der passenden Ziffer zu.
1 in Resten vorhanden **2** Untätigkeit **3** Büroberuf **4** schön **5** Tätigkeit **6** Staat in Afrika **7** Wirklichkeit **8** größter Breitenkreis der Erdkugel **9** Schiffsführer **10** ein Betäubungsmittel

1 ______ **2** ______ **3** ______

4 ______ **5** ______ **6** ______

7 ______ **8** ______ **9** ______

10 ______

3 **Notiere drei weitere Fremdwörter mit *ä*:** ______________________________

Einen Fehlertext mit Hilfe von Strategien überarbeiten

1 **In Abschnitt A sind alle Fehler markiert. Korrigiere die Wörter und ordne sie der hilfreichen Strategie zu.**

VORSICHT FEHLER!

Computer-Pionierinnen

A Als 1946 der erste Komputer in den USA programmiert wurde, leistete eine Zufalsgruppe junger Frauen diese neuartige Arbeit. Bei allen Unterschieden besaßen diese Frauen Gemeinsamkeiten: Sie kamen aus einfachen Verheltnissen und hatten eine besondere Begabung für Matematik. Gemeinsam war ihnen außerdem der Wille, ihre Begabungen zu nutzen, sich nicht mit der traditionellen Frauenrolle zu arrangiren und ihrer Herkunft zu entkommen.

Die jüngste der Frauen war Jean Jennings, die auf einer Farm in der Weite des Mittleren Westens aufgewachsen war. Schon als Kind zeikte sie nicht die für diese Zeit typischen Rollenmuster, sondern kletterte lieber auf Decher und Windreder. Im Softbalwerfen war sie besser als die Jungen, durfte aber trotzdem meistens nicht mitspielen. Und wenn sie später bei der Feltarbeit half, erhield sie nur die Hälfte des Lohns, den ihre Brüder für die gleiche Arbeit bekamen. Das fant sie befremdlich und ungerecht.

Verlängern	Zerlegen und verlängern	Ableiten	Merken

2 **a Markiere die Fehler in Textabschnitt B.**
b Korrigiere die Wörter und ordne sie in die Tabelle oben ein.

VORSICHT FEHLER!

B Zu der Zeit, als Jennings ein Kind war, hatten Mädchen eingeschrenkte Bildungschancen. Lediglich in Mathematik wurden sie gefördert, denn die galt als guter Einstieg in einen Verwaltungsberuf oder in den Schuldienst. Jennings war ein Naturtalent in Mathematik, und deshalb konnte sie mit 16 Jahren dieses Fach studieren. Nach dem Studium erwartete man von ihr, dass sie als Lehrerin arbeitet. Sie bewarp sich jedoch bei der Armee, die Mathematikerinnen suchte, um die im Kriek befintlichen Männer zu ersetzen. Beim Militär musste Jean Jennings zunächst die Flukbahnen von Geschützen berechnen, aber Hilfsmittel gap es dafür noch nicht.

1946 entschieden sich die Militärs, die Eksistenz des ersten Uniwersalrechners offenzulegen. Aber erst um 1990 entdeckten Historikerinnen die Computer-Pionierinnen, die den ersten Militärcomputer programmiert hatten. Wie konnte das sein, wo doch die Presentation der Maschine eine Erfolk war, der in die Geschichte einging? Die Arbeit des Programmierens hatten die Frauen übernommen, die öffentlichkeitswirksame Darstellung allerdings die Männer. Die sechs Programmiererinnen, die den ersten Computer ENIAC für die Nutzung eingerichtet hatten, wurden gar nicht erst zu der Veranstaltung eingeladen. Und Fotos von ENIAC, mit denen die Armee um neue Mitarbeiter warb, wurden so verendert, dass keine Frauen zu sehen waren und nur die mennlichen Leistungen bekannt wurden. Viel später erst würdigte man die Verdienste der Frauen.

Teste dich! – Fehlerschwerpunkte erkennen

1 **Welche Strategie hilft dir, die markierten Stellen in den Wörtern richtig zu schreiben? Ordne die Wörter in die richtige Tabellenspalte ein. Zwei Wörter musst du zwei Strategien zuordnen.**

PUNKTE |15

Friedrich Wilhelm und Caroline Herschel – von der Musik zur Astronomie

A Friedrich Wilhelm Herschel und seine Schwester Caroline lebten im 18. Jahrhundert und waren eigentlich Musiker. Er verdiente als Dirigent, Organist und Konzertdirektor sein Geld in England, und nachdem die Eltern gestorben waren, holte er seine Schwester zu sich, sodass sie seine Konzerte mit Gesängen begleiten konnte. Dennoch wurde wenig über die Geschwister als Musiker bekannt, vielmehr erlangten sie als Astronomen Berühmtheit. Im Frühjahr 1773 kaufte sich Friedrich Wilhelm Herschel die ersten astronomischen Instrumente und mietete sich ein Teleskop. Täglich setzte er sich abends nach den Konzerten in seinen Garten und beobachtete den Sternenhimmel. Dabei entdeckte er seine große Leidenschaft, und sehr bald baute er das erste eigene Fernrohr. Weil das so viel leistungsstärker war als alles, was man zu der Zeit hatte, konnte er bald eigene Teleskope verkaufen.

Verlängern	Zerlegen und verlängern	Ableiten	Merken

2 **a Markiere die Fehler in der Fortsetzung des Textes.**
b Ordne die korrigierten Wörter in die Tabelle oben ein.

VORSICHT FEHLER!

PUNKTE |9

PUNKTE |9

B Bei seinen Untersuchungen des Sternenhimmels wurde Herschel von seiner Schwester unterstützt, und im Merz 1781 wurden die Ausdauer und die Grüntlichkeit belont: Er entdeckte den siebten Planeten der Erde, den Uranus. Den hatten zwar vor ihm auch schon Wissenschaftler bemerkt, aber nicht als Planeten identifizirt. Die Entdeckung des neuen Planeten war eine Sensation und brachte Wilhelm Herschel Ruhm, Anerkennung und eine Stellung als Hofastronom am englischen Königshaus ein. Der Anteil seiner Schwester an der Entdeckung wurde kaum gewürdikt, Wilhelm Herschel konnte sie lediglich als seine Assistentin einstellen. Sie war die erste Frau, die sich überhaupt mit Astronomie beschäftigte, und sie war die erste Astronomin, die Geld für ihre wissenschaftliche Arbeit bekam. In die Forschung gink sie als Kometenjegerin ein: Mindestens acht Kometen entdeckte sie, darunter auch den Enckeschen Kometen. In der Regel wird ein Himmelskörper nach seinem Entdecker benant. Beim Enckeschen Kometen war das anders, denn eine Entdeckerin war damals nicht vorgesehen. Hier gap derjenige, der die Umlaufbahn berechnete, dem Kometen seinen Namen: Johann Franz Encke.

3 **Prüfe deine Ergebnisse mit Hilfe des Lösungshefts (▶ S. 23). Trage die Punkte neben den Aufgaben ein. Zähle deine Punkte zusammen und notiere deine Übungsschwerpunkte auf der Linie.**

GESAMT |33

☺ 33–30 Punkte	😐 29–18 Punkte	☹ 17–0 Punkte
Bravo! Welche Rechtschreibstrategien solltest du trotzdem wiederholen? ______	Nicht schlecht! Mit welchen Rechtschreibstrategien hattest du noch Schwierigkeiten? ______	Du solltest alle Rechtschreibstrategien wiederholen. Welche bereiten dir besondere Probleme? ______

Rechtschreibung verstehen – Regeln anwenden

Einfache oder Doppelkonsonanten? – Auf die erste Silbe achten

Information | **Wörter mit einfachen oder Doppelkonsonanten**

- In **zweisilbigen Wörtern** endet die **erste Silbe** entweder mit einem **Vokal (offene Silbe)** oder mit einem **Konsonanten (geschlossene Silbe).**
- **Doppelkonsonanten** schreibt man nur, wenn die **erste Silbe geschlossen** ist, z. B.: *der **Him** mel, **fal** len.*
- Stehen an der **Silbengrenze zwei verschiedene Konsonanten,** wird **nicht verdoppelt,** z. B.: *hin ten, fal ten.*
- Um die Regel anzuwenden, muss man Einsilber **verlängern,** z. B.: *der **Knall** – knal len, das **Zelt** – zel ten.*
- **Zusammengesetzte Wörter** muss man **zerlegen** und dann **verlängern,** z. B.: *der **Fall** | wind – fal len.*
- **Nicht verlängerbare Einsilber** sind **Merkwörter,** z. B.: *ihm, wenn, und.*

1 **a** **Streiche im Kasten die zweisilbigen Wörter, deren erste Silbe nicht geschlossen (also offen) ist.**
b **Lege im Heft eine Tabelle nach dem Muster an und schreibe die übrigen Wörter in die richtige Tabellenspalte.**

steigen • kennen • leben • schenken • füttern • rasen • springen • tanzen • glänzen • klettern • kommen

Zwei verschiedene Konsonanten in der Wortmitte	Zwei gleiche Konsonanten in der Wortmitte
…	…

2 **a** **Unterstreiche im Kasten die Einsilber, die man nicht verlängern kann und sich merken muss.**
b **Trage die übrigen Einsilber in die Tabelle aus Aufgabe 1 ein und ergänze eine zweisilbige Form.**

ab • will • stärkt • bremst • und • kommt • hüpft • mir • dankt • hält • hallt • rollt • dir • von

3 **a** **Im Suchrätsel verstecken sich 10 Wortzusammensetzungen mit 3 gleichen Konsonanten. Markiere sie.**
b **Schreibe sie mit dem Artikel auf die Linien und ergänze ein Verlängerungswort als Beweiswort.**

A	P	N	U	S	S	S	A	H	N	E	E	T	I
B	R	E	N	N	N	E	S	S	E	L	Q	O	N
J	S	C	H	I	F	F	F	A	H	R	T	T	L
N	Z	I	F	L	U	S	S	S	E	N	K	E	B
V	E	S	S	S	T	Ö	R	U	N	G	R	E	I
J	M	D	E	R	O	L	L	L	A	D	E	N	G
P	T	N	Y	G	P	B	E	T	T	T	U	C	H
H	A	N	D	B	A	L	L	L	E	H	R	E	R
C	K	O	N	T	R	O	L	L	L	I	C	H	T
N	U	S	S	S	C	H	O	K	O	L	A	D	E

die Nuss | sahne, denn: Nüsse

4 **Finde weitere Wörter mit drei Konsonanten.**

Wörter mit *h* – Hören oder merken

Information | **Regeln für Wörter mit *h***

- Das **silbenöffnende *h*** steht **am Anfang der zweiten Silbe.** Man kann es beim Schwingen **hören,** z. B.: *ge hen*. Durch Verlängern kann man es in einsilbigen Wörtern hörbar machen, z. B.: *er geht – ge hen*.
- Das **Dehnungs-*h*** steht am Ende **der ersten Silbe** und ist **nicht hörbar,** z. B.: *die Bahn, die Bah nen*.
- Weil man es nicht hörbar machen kann, muss man sich diese Wörter **merken.**
- Die **Schreibung** mit *h* bleibt in allen Wörtern der **Wortfamilie erhalten.**

1 **a Ergänze Reimwörter.**
b Markiere die Merkwörter mit Ⓜ.

Bahn	die Mühlen	weht	die Drohnen
W ______	f ______	g ______	die B ______
Z ______	w ______	st ______	w ______

2 **Streiche in den folgenden Aussagen jeweils das falsche Wort:**

A Das silbenöffnende *h* gehört zur zweiten/ersten Silbe.

B Das Dehnungs-*h* gehört zur ersten/zweiten Silbe.

C Das Dehnungs-*h* kann man hören/nicht hören.

D Das silbenöffnende *h* trennt Konsonanten/Vokale.

3 **a Markiere im Kasten Wörter mit Dehnungs-*h*.**
b Ordne anschließend die Merkwörter nach ihrer Wortfamilie.

ehrenhaft • ehrlich • der Kühlschrank • die Kühlung • die Ehrensache • der Mehrwert • das Rehkitz • das Kühlwasser • die Kühlerhaube • verkohlen • der Gehweg • mehrheitlich • das Ehrenwort • das Wehklagen • mehrere • die Mehrzahl • der Kohlenstoff • das Kohlekraftwerk • die Mehrkosten • die Ehrenurkunde

kühlen ______

ehren ______

die Kohle ______

vermehren ______

4 **Ergänze Wörter aus der Wortfamilie.**

die Wahl *wählen* ______

die Uhr ______

fahren ______

s, *ß* oder *ss*? – Auf die erste Silbe achten

Information **Regeln für Wörter mit *s*-Laut**

- Ist die **erste Silbe geschlossen,**
  - schreibt man ***s***, wenn an der **Silbengrenze zwei verschiedene Konsonanten** stehen, z. B.: *die Leis te*,
  - schreibt man ***ss***, wenn an der **Silbengrenze nur ein *s*-Laut** steht, z. B.: *mes sen*.
- Ist die **erste Silbe offen,**
  - schreibt man ***s***, wenn man den ***s*-Laut summend** spricht, z. B.: *sau sen*,
  - schreibt man ***ß***, wenn man den ***s*-Laut zischend** spricht, z. B.: *drau ßen*.
- Diese **Regeln gelten** auch innerhalb einer **Wortfamilie** oder bei verschiedenen **Zeitformen** eines Verbs, sodass sich die Schreibung ändern kann, z. B.: *mes sen – die Ma ße, las sen – sie lie ßen*.

1 **Ordne die Wörter mit *s*-Laut in die richtige Tabellenspalte ein.**

fassen • äsen • essen • der Kasten • hänseln • außen • rasen • heißen

Erste Silbe offen		Erste Silbe geschlossen	
s-Laut summend	*s*-Laut zischend	zwei gleiche Konsonanten	zwei verschiedene Konsonanten

2 ***ss* oder *ß*? Beachte die Regeln für den *s*-Laut und ergänze die Tabelle.**

Infinitiv	Präsens Singular	Präteritum Singular	Zusammengesetzte Nomen
genießen	sie genießt	er genoss	die Genießerrunde / der Genussmensch
	er	er fraß	der Fre___napf / die Fra___spuren
beißen	sie	er	die Bi___wunde / der Bei___ring
	sie	er	das Ma___band / die Me___latte
	es	er floss	die Flie___geschwindigkeit / der Zuflu___
	sie	er	das Sicherheitsschlo___ / die Schlie___anlage

3 **Schreibe die Wörter, die mit *ß* geschrieben werden, in richtiger Groß-/Kleinschreibung auf die Linien.**

DER STRASSENBELAG • DIE FUSSBALLSCHUHE • EIN BISSCHEN • DER SPASSFAKTOR • DER KUGELSTOSSER • DER BLUMENSTRAUSS • DIE GRUSSKARTE • WÄSSRIG • ÄUSSERLICH • DIE FLUSSBREITE • DAS HOLZFLOSS • DIE SCHUHGRÖSSE • DIE SCHIESSBUDE

Fremdwörter richtig schreiben – Wörter mit *ph, th, v* und *y*

M

Information **Fremdwörter als Fachbegriffe**

- **Fremdwörter** sind Wörter, die **aus fremden Sprachen** übernommen werden.
- Ihre **Aussprache und Schreibung** werden meist **beibehalten.** Deshalb erkennt man sie an typisch **fremdsprachlichen Buchstabengruppen,** die von der deutschen Rechtschreibung abweichen, z. B.: *Strophe, Theater, Asyl, Variation.* Diese Schreibungen muss man sich **merken.**

1 **a** **Markiere in den Fremdwörtern die Stellen, die von der deutschen Rechtschreibung abweichen.**
b **Trage die Fremdwörter in die Tabellenspalte mit dem typischen Merkmal ein.**
TIPP: Manche Wörter kannst du in zwei Spalten einordnen.

die Sympathie • das Alphabet • der Rhythmus • das Phänomen • das Asyl • das Adverb • das Versmaß • die Metapher • der Infinitiv • die Physik • das Thema

Fremdwörter mit *th*	Fremdwörter mit *ph*	Fremdwörter mit *y*	Fremdwörter mit *v*

c **Bilde zu den unterstrichenen Wörtern im Kasten ein Wort einer anderen Wortart.**
Beispiel: *die Sympathie, sympathisch*

2 **a** **Ersetze die markierten Wörter in den Sätzen A bis G durch ein passendes Fremdwort aus dem Kasten.**
b **Markiere in den eingesetzten Fremdwörtern das typische Merkmal (= die Merkstelle).**

virtuell • Phantombild • hydraulisch • Therapie • recyceln • Synonyme

A Im Sinne der Umwelt sollten wir möglichst viel Abfall wiederverwerten. ____________

B Viele Bremsen und Pressen arbeiten mit Flüssigkeitsdruck. ____________

C Der Arzt verordnet dem verletzten Torwart eine gezielte Behandlung. ____________

D Beim abwechslungsreichen Formulieren helfen gleichbedeutende Wörter. ____________

E Die Polizei erstellte ein Bild nach Zeugenaussagen. ____________

F Die Welt, in die ihn seine Spiele versetzen, ist von Computern erzeugt. ____________

3 **Notiere Stichpunkte: Welche Vorteile hat die Verwendung von Fremdwörtern als Fachbegriffe? Welche Probleme kann es dabei geben?**

Fremdwörter mit *i*

M

Information **Regeln für Fremdwörter mit *i***

- Zweisilbige deutsche Wörter mit offener erster Silbe (langem *i*) schreibt man in der Regel mit *ie*, z. B.: *die **Flie** ge, **bie** gen.*
- Der ***i*-Laut in mehrsilbigen Fremdwörtern** wird **regelhaft** als ***i*** geschrieben, z. B.: *die **Vi** ta **mi** ne, das **Ki** no.* Diese Wörter muss man sich merken.
- Eine **Ausnahme** bilden **Fremdwörter mit *-ieren, -ier, -ie,*** z. B.: *realis**ie**ren, der Mag**ie**r, die Philosoph**ie**.*

1 a **Trenne die einzelnen Wörter der Wörterschlange durch einen Strich voneinander.**
b **Schreibe sie mit dem bestimmten Artikel in dein Heft. Markiere die offenen Silben mit dem *i*-Laut.**

ZITRONEAPFELSINEVITAMINEABITURMASCHINEVERSIONCLEMENTINETURBINEMANDARINEZIGARETTEZITADELLEISOLATIONKLINIKKANTINE

c **Notiere eine Begründung, warum man diese Wörter mit *i* (und nicht mit *ie*) schreibt.**

____

2 **Ordne passende Fremdwörter mit den Bedeutungen 1 bis 8 in das Wortgitter ein.**

	1								I	E	R	E	N
				2					I	E	R	E	N
	3								I	E	R	E	N
			4						I	E	R	E	N
			5						I	E	R	E	N
6									I	E	R	E	N
7									I	E	R	E	N
		8							I	E	R	E	N

1 durchführen
2 lernen
3 beeinflussen
4 üben
5 ausbessern
6 auf einem Bild festhalten
7 überprüfen
8 besprechen

3 a **Markiere in den folgenden Sätzen die Fremdwörter mit *ie*.**
b **Schreibe sie alphabetisch sortiert mit dem Artikel auf und ordne ihnen die Bedeutungen 1 bis 8 zu.**

1 Wissenschaft von den Sternen und vom Universum **2** Bauplan des Körpers **3** Tierkunde **4** Betäubung **5** Wissenschaft vom Leben **6** Sorgfalt **7** Pflanzenkunde **8** Sterndeutung, die den Einfluss der Gestirne auf das Leben behauptet

In der Medizin spielen bei der Anästhesie größte Akribie und die perfekte Kenntnis der Anatomie eine große Rolle.
In der Biologie sind die Fachbereiche Zoologie und Phythologie zu unterscheiden.
Die Astronomie und die Astrologie sollte man nicht verwechseln.

____

____

____

Teste dich! – Rechtschreibregeln anwenden

1 **a Lies die Rechtschreibregeln A–G, um die es in diesem Test geht.**
b Ordne den Rechtschreibregeln die markierten Wörter aus dem Text als Beispielwörter zu. PUNKTE |7
c Notiere zu jeder Regel zwei weitere Beispiele aus dem Text. PUNKTE |14

A	Doppelkonsonanten schreibt man nur, wenn die erste Silbe geschlossen ist.	
B	Wenn an der Silbengrenze zwei verschiedene Konsonanten stehen, verdoppelt man nicht.	
C	Das Dehnungs-*h* gehört zum Vokal der ersten Silbe. Man kann es nicht hörbar machen.	
D	Das silbenöffnende *h* gehört zur zweiten Silbe. Man kann es durch Verlängern hörbar machen.	
E	Man schreibt den zischenden *s*-Laut als *ß*, wenn die erste Silbe offen ist.	
F	Man schreibt den zischenden *s*-Laut als *ss*, wenn die erste Silbe geschlossen ist.	
G	Den *i*-Laut schreibt man in Fremdwörtern als *i*. Ausnahmen: die Endungen *-ieren*, *-ier* und *-ie*.	

Trinkhalme aus Plastik: keine gute Idee

Der Kampf gegen den Plastikmüll muss geführt werden, weil Plastikreste, teilweise stark zerkleinert und geschreddert, längst in großen Mengen in den Meeren und im Boden angekommen sind. Draußen in den Ozeanen, weit weg vom Verbraucher, gefährdet Plastik die Lebewesen in ihrem ureigenen Lebensraum. Hinzu kommt, dass das Material Eintritt in die Nahrungskette findet. Deshalb beschloss man 2018 in der EU, Einwegprodukte stärker zu kontrollieren und da, wo es geht, durch weniger gefährliche und wiederverwertbare Materialien zu ersetzen.

Viele Plastikprodukte sind völlig überflüssig und werden oft nur kurz verwendet. Ein Beispiel ist der Trinkhalm aus Plastik. Schöne bunte Strohhalme gehörten jahrzehntelang zur Gastronomie – man sah sie in Mineralwasser, Saft oder Cocktails stehen. Mit Stroh hatten die flexiblen Röhrchen da schon lang nichts mehr zu tun. Natürlich ist es sinnvoll, diesen Plastikmüll zu vermeiden. Damit Verbraucher und Gastronomie aber nicht auf lieb gewonnene Gewohnheiten verzichten müssen, begann die Suche nach Alternativen. Trinkhalme aus Glas könnte man spülen und wiederverwenden, allerdings ist die Gefahr groß, dass sie zerbrechen. Einige Studenten haben einen essbaren Trinkhalm entwickelt. Fast eine halbe Stunde hält er im Getränk, bevor er sich auflöst oder gegessen werden kann. Wie kamen sie auf die Idee? Sie saßen an der Bar, tranken genüsslich ihre Getränke und fanden den Plastikhalm nicht wirklich appetitlich. Also überlegten sie, woraus man alternative Trinkröhrchen herstellen könnte. Dafür boten sich Reste aus der Apfelsaftproduktion an. Tatsächlich wurde aus der Idee ein Geschäftsmodell. Die essbaren Trinkhalme schmecken in den meisten Getränken neutral, nur in klarem Wasser weht einem der Duft von Äpfeln entgegen, und das ist zu akzeptieren.

2 **Prüfe deine Ergebnisse mit Hilfe des Lösungshefts (▶ S. 24). Trage die Punkte neben den Aufgaben ein. Zähle deine Punkte zusammen und notiere deine Übungsschwerpunkte auf der Linie.** GESAMT |21

☺ 21–18 Punkte	☺ 17–12 Punkte	☹ 11–0 Punkte
Bravo! Welche Rechtschreibregeln solltest du trotzdem wiederholen? ______	Nicht schlecht! Mit welchen Rechtschreibregeln hattest du noch Schwierigkeiten? ______	Du solltest alle Rechtschreibregeln wiederholen. Welche bereiten dir besondere Probleme? ______

Groß- und Kleinschreibung

Nomen erkennen

Methode **Nomen durch Nomenproben erkennen**

Nomen schreibt man **groß.** In Texten erkennt man sie an ihren **Begleitern** (Artikel, Zahlwort oder Adjektiv). Nomen ohne Begleiter kann man mit Hilfe der folgenden **Nomenproben** bestimmen:

- **Artikelprobe:** Vor Nomen kann man einen Artikel setzen, z. B.: *der Arzt, die Physikerin, das Gerät.*
  Achtung: Artikel können sich mit Präpositionen verbinden, z. B.: *im (= in dem) Labor.*
- **Zählprobe:** Vor Nomen kann man Zahlwörter setzen, z. B.: *zwei, viele, einige, alle, keine Untersuchungen.*
- **Adjektivprobe:** Nomen kann man durch Adjektive näher beschreiben, z. B.: *gefährliche Strahlen.*
- Nomen können **typische Endungen** aufweisen, z. B.: ***-heit, -keit, -nis, -ung.***

1 **Prüfe, von welchen Wortarten die Nomen im Text begleitet werden. Finde für jede Tabellenspalte vier Beispiele.**

Wilhelm Conrad Röntgen: ein zurückhaltender Entdecker

Der Physiker Wilhelm Conrad Röntgen (1845–1923) entdeckte am 8. November 1895 eher zufällig die Röntgenstrahlen. Er löste damit in Wissenschaft und Medizin enorme Entwicklungen aus. Bemerkenswert ist allerdings, dass alles, was sich daraus ergab, von verschiedenen Wissenschaftlern, nicht von Röntgen selbst, entwickelt wurde.

Es ist nicht immer der Fall, dass jemand eine bahnbrechende Entdeckung macht und dann viele Wissenschaftler damit arbeiten lässt. Dass dies bei Röntgen so war, hatte mehrere Gründe. Er selbst hatte die Folgen der bemerkenswerten Entdeckung offensichtlich unterschätzt und nicht erkannt, welche neuen Möglichkeiten sie eröffneten. Außerdem hatte er kein Interesse daran, sich ausschließlich der Forschung zu widmen. Stattdessen fuhr er für fast zwei Monate nach Italien in Urlaub. In dieser kurzen Zeit verlor er den Anschluss an die herausragenden Wissenschaftler, die sich international sofort mit den Röntgenstrahlen beschäftigt hatten.

Nomenbegleiter Artikel	Nomenbegleiter Adjektiv	Nomenbegleiter Zahlwort

2 **a** **Erkenne die Nomen mit Hilfe der Nomenproben und markiere sie.**
Korrigiere jeweils den Anfangsbuchstaben, indem du ihn überschreibst.
b **Unterstreiche Nomen mit typischen Endungen.**

VORSICHT FEHLER!

Ungewöhnlich für einen *W*issenschaftler war auch, dass Röntgen sehr langsam arbeitete. Das führte dazu, dass er bereits nach einigen wochen über seine eigene entdeckung weniger sagen konnte als die internationale konkurrenz, weil er hinter den weiterentwicklungen zurückblieb.

Heute würden wissenschaftler und entdecker sofort ein patent auf neue Forschungsergebnisse anmelden. Röntgen tat das nicht, da er fand, dass entdeckungen der allgemeinheit gehören. Damit ermöglichte er weltweit allen wissenschaftlern, mit seinen bedeutenden erkenntnissen zu arbeiten.

Röntgen wurde 1901 der erste nobelpreis für physik verliehen. Auch darauf reagierte er mit großer zurückhaltung: Er hielt nur eine kurze dankesrede und reiste schnell wieder ab.

3 **Umkreise im Text drei Nomen ohne Begleiter. Beweise durch einen passenden Begleiter, dass es Nomen sind.**

Nominalisierungen erkennen

Methode **Nominalisierungen erkennen**

Wörter anderer Wortarten, v. a. **Adjektive** und **Verben,** können **nominalisiert** (als Nomen verwendet) werden.

- Man erkennt Nominalisierungen an ihren **Begleitern,** z. B.: *häufiges Röntgen, das Rot.*
- Bei Nominalisierungen ohne Begleiter kann man die **Nomenproben** durchführen (► S. 76), z. B.: *durch (das) Forschen.*

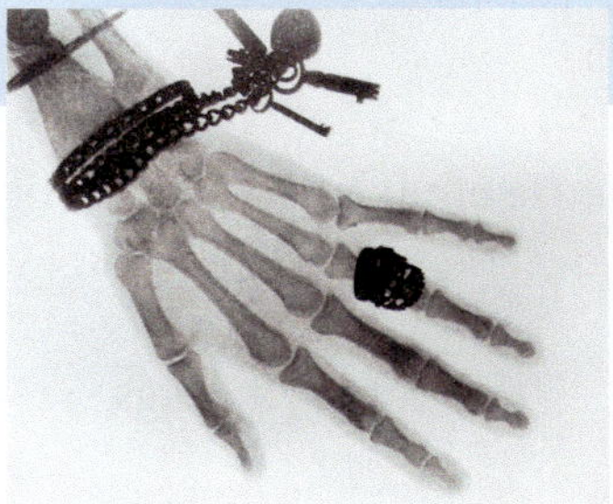

1 **Finde im Text 9 Nominalisierungen. Unterstreiche sie mit ihrem Begleiter.**

Röntgenstrahlen: die unterschätzte Gefahr

Nach dem Entdecken der Röntgenstrahlen wurden diese sofort zum Experimentieren genutzt. Das Sichtbarmachen des Körperinneren durch Röntgenstrahlen führte zu einem regelrechten Wettlauf vieler Wissenschaftler. Sie wollten herausfinden, welche Möglichkeiten sich durch die neue Erfindung ergaben. Fotos, die das Abbilden von Knochen ermöglichten, waren nicht nur in der Medizin ein Erfolg, sondern sogar auf dem Jahrmarkt. Es gab Wissenschaftler, die die spektakulären Vorgänge beim Röntgen öffentlich vorführten.

In Frankreich soll es ein Theaterstück gegeben haben, in dem das Durchleuchten der Schauspieler auf der Bühne die Zuschauer anlocken sollte. Eine Spielzeugfirma wollte das Röntgen für die Entwicklung eines Spielzeugs nutzen. Und der US-amerikanische Erfinder Thomas Alva Edison träumte sogar davon, ein Durchleuchtungsgerät als Massenprodukt zu entwickeln. Das zeigt, dass Röntgenstrahlen zunächst nicht als etwas Gefährliches oder – in großer Dosis – Lebensbedrohliches angesehen wurden.

2 **a Markiere in der Fortsetzung des Textes die Fehler bei den Nominalisierungen.**
b Schreibe die Nominalisierungen korrigiert mit ihrem Begleiter auf die Linien.

VORSICHT FEHLER!

Weil man Röntgenstrahlen zunächst für etwas unproblematisches hielt, hatten viele Wissenschaftler vor allem durch intuitives ausprobieren geforscht. Dadurch waren Forscher und Mediziner beim arbeiten ungeschützt der Strahlung ausgesetzt. Das ging nicht lange gut. Das sorglose umgehen mit den Röntgenstrahlen wurde gestoppt, als diejenigen, die sich mit dem experimentieren und weiterentwickeln ihrer Einsatzmöglichkeiten befassten, bald heftig erkrankten und starben. Krankheit und Tod vieler Forscher zeigten die Kehrseite der hilfreichen Entdeckung:

Zu viele Röntgenstrahlen machen krank.
Heute kennt man die Symptome der Strahlenkrankheit und weiß um das heimtückische dieser unsichtbaren Strahlen. Weil man aber auf das röntgen in der Medizin nicht verzichten konnte, wurde nach Möglichkeiten gesucht, die Gefahren zu vermindern. So entdeckte man, dass Blei ein reduzieren der Strahlendosis bewirkt. Deshalb bekommt heute jeder, der geröntgt wird, zum schützen der anderen Organe eine Bleischürze umgehängt.

3 **Wandle die Nominalisierungen in den markierten Sätzen um. Verwende ein Adjektiv, einen Modalsatz (mit *indem*) und ein Nomen. Formuliere die ganzen Sätze neu.**

Zeitangaben und Wochentage richtig schreiben

Information **Die Groß- und Kleinschreibung von Zeitangaben**

- **Zeitangaben** (Tageszeiten und Wochentage) schreibt man **groß,** wenn sie **Nomen** sind, z. B.: *der* ***Morgen****, am nächsten* ***Freitag***. Man kann die Großschreibung mit Hilfe der **Nomenproben** (► S. 76) überprüfen.
- **Zeitangaben ohne Begleiter** und mit einem **angehängten** ***s*** schreibt man **klein,** z. B.: *morgen****s****, freitag****s***.

1 **Kreuze unter A bis C alle richtigen Schreibweisen an.**

A	☐ am frühen Morgen	☐ am frühen morgen	☐ morgens früh	☐ morgens in der Frühe
B	☐ am Montag mittags	☐ am Montag morgen	☐ am Montag gegen Mittag	☐ am montagmorgen
C	☐ am Sonntag morgens	☐ am sonntag abends	☐ am Sonntag gegen Abend	☐ Sonntags

2 **a** **Auf den Schildern sind dem Hersteller Fehler unterlaufen. Markiere sie.**
b **Schreibe die Sätze richtig auf.**

VORSICHT FEHLER!

Wir sind auch Sonntags für Sie da.

Am mittwoch bleibt das Geschäft Nachmittags geschlossen.

Von Montags bis Freitags geöffnet.

Wir haben morgens geschlossen und ab mittag geöffnet.

3 **Streiche im Text jeweils die falsche Schreibweise durch.**
TIPP: Manchmal sind beide Versionen richtig.

Der notwendige Blick auf die Uhr

Wie spät es ist, stellen wir mit einem Blick auf die Uhr fest. Wer *samstags / am Samstag* zeitlos lebt, kann den *tag / Tag* zur *nacht / Nacht* und den *abend / Abend* zum *morgen / Morgen* machen. Wenn man sich allerdings *werktags / Werktags* verabreden möchte oder seinen Alltag strukturieren muss, braucht man die Uhr. Sie sagt uns, ob wir *morgens / am Morgen* noch Zeit für einen Kaffee haben oder schon rennen müssen, um den Bus zu erreichen. Sie zeigt an, wann wir *vormittags / Vormittags, gegen Mittag / Mittags* oder *am Nachmittag / nachmittags* eine Pause verdient haben. Sie verkündet am frühen *abend / Abend* den Feierabend, und auch Verabredungen taktet sie.
Nun haben wir aber nicht nur Kontakt mit Menschen in derselben Zeitzone. Los Angeles ist zum Beispiel unserer Zeit neun Stunden hinterher. Rufen wir dort um *Mitternacht / mitternacht* an, erreichen wir den Telefonpartner *nachmittags / am Nachmittag* um 15:00 Uhr. Und startet man den Anruf früh *morgens / Morgens* um 6:00 Uhr, sitzt der US-Amerikaner an der Westküste am *Abend / abend* des *Vortags / vortags* um 21:00 Uhr vielleicht noch auf der Terrasse.

Herkunftsnamen richtig schreiben

Information **Die Groß- und Kleinschreibung von Herkunftsnamen**

- **Geografische Herkunftsnamen** auf ***-er*** schreibt man **groß,** z. B.: *die Kölner Altstadt, der Schweizer Käse.*
- **Geografische Herkunftsnamen** auf ***-isch*** schreibt man **klein,** wenn sie nicht Teil des Eigennamens sind, z. B.: *das englische Wetter – aber: der Englische Garten (= Name eines Münchner Parks).*

1 **Groß oder klein? Streiche den falschen Anfangsbuchstaben der Herkunftsbezeichnungen.**
TIPP: Drei der Herkunftsbezeichnungen auf *-isch* sind Teil eines Namens.

die a/Afrikanische Steppenlandschaft	der a/Afrikanische Elefant
die Große a/Arabische Wüste	die a/Arabische Sprache
der h/Hamburger Hafen	der h/Hamburger Fischmarkt
die a/Australische Buschlandschaft	die a/Australische Regierung
die s/Schweizer Alpen	s/Schweizer Kräuterbonbons
der i/Indische Ozean	das i/Indische Kastensystem

2 **Erstelle aus den Vorgaben eine Liste mit Herkunftsnamen. Ordne sie nach ihrer Schreibung.**

Holland • Belgien • Dänemark • Köln • München • Berlin • Hamburg • Schweiz • Österreich • Frankfurt

Küste • Passstraßen • Schokolade • Käse • Inseln • Rathaus • Autobahnen • Architekten • Flughafen • Dom • Karneval • Abendblatt • Tagesanzeiger • Oktoberfest • Alpen

A Großschreibung: *der Kölner Dom,* ____________________

____

____

____

B Kleinschreibung: *die holländische Küste,* ____________________

____

____

____

3 **Erkläre die Groß- oder Kleinschreibung der Herkunftsbezeichnungen.**

A die Mecklenburger Straße ____________________

B die mecklenburgischen Fischspezialitäten ____________________

C die Mecklenburgische Seenplatte ____________________

Teste dich! – Groß- und Kleinschreibung

1 **Ordne den Rechtschreibregeln A bis F die Nummern der markierten Beispiele im Text zu.**

PUNKTE |11

A	Nomen und Nominalisierungen können von Artikeln begleitet werden.	
B	Nomen und Nominalisierungen können von Adjektiven begleitet werden.	
C	Nomen und Nominalisierungen können von Zahlwörtern begleitet werden.	
D	Tageszeiten schreibt man nur groß, wenn man eine Nomenprobe durchführen kann.	
E	Herkunftsnamen, die auf *-er* enden, schreibt man groß.	
F	Herkunftsnamen, die auf *-isch* enden, schreibt man klein, wenn es keine Eigennamen sind.	

Der Scheibenwischer – eine Erfindung aus dem Jahr 1903

Man stelle sich das Unglaubliche (1) vor, das Anfang des 20. Jahrhunderts oft genug passierte: Berufsverkehr in der New Yorker (2) Straßenbahn während heftiger Schneestürme (3) – und kein Scheibenwischer. Die Ungeduldigen (4) in der Bahn hatten es schwer: Nach einigen Metern (5) musste der Fahrer aussteigen, denn die Scheiben waren von dem vielen Schnee (6) bedeckt. Diese Beeinträchtigung musste er beseitigen, und das Schneefegen (7) kostete Zeit. Je heftiger der Schneefall war, desto länger war geduldiges Ausharren (8) notwendig – egal ob sich die Schneemassen vor der Scheibe morgens, am Tag (9) oder in der Nacht (10) aufhäuften. Das regte die amerikanischen (11) Passagiere natürlich auf.

2 **a Markiere die Fehler in der Fortsetzung des Textes.**
b Notiere die korrigierten Wörter mit ihrem Begleitwort. Schreibe den Buchstaben der zutreffenden Regel dahinter.

PUNKTE |9

PUNKTE |9

VORSICHT FEHLER!

Auch Mary Anderson ärgerte sich über das Problem, und sie fand 1903 die Lösung: Sie konstruierte den ersten scheibenwischer. Dabei handelte es sich um einen Gummiwischer, der an der Windschutzscheibe befestigt wurde. Das bahnbrechende ihrer Erfindung war, dass sie diesen Wischer mit einem Hebel im Fahrzeug verband. Den konnte der Fahrer bequem beim fahren bedienen, und er musste weder am tag noch nachts aussteigen. Wenn er am Griff drehte, bewegte sich der Wischer und säuberte die Scheibe. Heute holen Scheibenwischer nach dem aufsprühen eines Wasser-Alkohol-Gemischs auch festsitzenden schmutz von den Scheiben. Das ist weltweit selbstverständlich, und keiner denkt mehr daran, dass der Scheibenwischer auf die Erfindung einer Amerikanischen Frau zurückgeht, die im new yorker Großstadtverkehr am morgen pünktlich an ihrer Arbeitsstelle ankommen wollte.

3 **Prüfe deine Ergebnisse mit Hilfe des Lösungshefts (▶ S. 25). Trage die Punkte neben den Aufgaben ein. Zähle deine Punkte zusammen und notiere deine Übungsschwerpunkte auf der Linie.**

GESAMT |29

☺ 29–26 Punkte	😐 25–16 Punkte	☹ 15–0 Punkte
Bravo! Welche Regeln solltest du trotzdem wiederholen?	Nicht schlecht! Mit welchen Regeln hattest du noch Schwierigkeiten?	Du solltest alle Regeln wiederholen. Welche bereiten dir besondere Probleme?

Zusammen- und Getrenntschreibung

Information **Zusammen- und Getrenntschreibungen bei Verbindungen mit Verben**

- **In der Regel** schreibt man **Wortgruppen mit Verben getrennt,** wenn die einzelnen Wörter ihre Bedeutung behalten, z. B.: *Fahrrad fahren, schnell laufen, liegen lassen.*
- **Zusammen** schreibt man **Verbindungen mit Verben,** die zusammen eine **neue Bedeutung** eingehen:
  - Verbindungen aus **unveränderlichen Wörtern** (Präpositionen und Adverbien) **und Verben,** z. B.: *hinfallen, aufstehen, abfahren, weggehen, fortlaufen*
  - Verbindungen aus **Adjektiven und Verben,** z. B.: *schwerfallen (= anstrengen)*
  - Verbindungen, bei denen der erste Teil allein ungebräuchlich ist, z. B.: *innehalten*
  - **Nominalisierungen** von Verbindungen mit Verben, z. B.: *beim Fahrradfahren, zum Kaffeetrinken*

1 **a Unterstreiche in den Sätzen A bis G die Wortgruppen aus Adjektiven und Verben.**

A Wenn es glatt ist, kann man draußen leicht fallen.

B Wenn man dem Kind nur schwarze Stifte gibt, kann es sein Bild auch nur schwarz malen.

C Sie war erkältet und hat die Klassenarbeit krank geschrieben.

D Der Maler will den Bildhintergrund komplett blau machen.

E Bei klarem Himmel kann man den Mond am Abend sehr hell sehen.

F Bei einem Vortrag sollte man frei sprechen.

G Wer den Auftrag bekommt, sollte ihn gut machen.

b Erkläre, warum die Wortgruppen in den Sätzen A bis G getrennt geschrieben werden.

____

2 **a Setze in die folgenden Sätze Verbindungen aus den Adjektiven und Verben aus Aufgabe 1 ein, die hier eine neue Bedeutung haben. Beachte die Schreibung.**
b Ergänze hinter jeder Verbindung die passende Bedeutung aus dem Wortspeicher (nur die Ziffer).

A Wenn du einen Fehler gemacht hast, solltest du das später ______________.

B Die Aufgabe sollte dir ______________.

C Wenn man nicht krank ist, sollte der Arzt einen nicht ______________.

D Wenn man gesund ist und nicht zur Arbeit geht, nennt man das ______________.

E Ich weiß nicht, wer gewinnen wird, denn ich kann nicht ______________.

F Du solltest die Zukunft nicht immer so ______________.

G Der Richter wird den Unschuldigen ______________.

1 alles negativ sehen
2 schwänzen
3 einfach sein
4 Arbeitsunfähigkeit bescheinigen
5 ausbügeln
6 für unschuldig erklären
7 die Zukunft vorhersagen

3 **Formuliere einen Satz, in dem eine Verbindung mit einem Verb nominalisiert wird. Nutze „beim“ oder „vom“.**

____

4 a Verbindungen aus unveränderlichen Wörtern (Präpositionen und Adverbien) und Verb werden in der Regel zusammengeschrieben, weil eine neue Bedeutung entsteht. Der erste Teil der Verbindung wird betont. Getrennt schreibt man solche Verbindungen nur dann, wenn auch das Verb betont wird.
Beispiel: ***Ich kann die Zukunft nicht vorhersehen. Wenn der Film erst um 20 Uhr beginnt, könnten wir uns schon vorher sehen.***
Entscheide, ob die folgenden Verbindungen getrennt oder zusammengeschrieben werden.

A vorher/sagen: Wenn du keine Lust dazu hast, kannst du das ______________________.

aber ich kann deine Laune doch nicht ______________________.

B zusammen/halten: Nur wenn die Jungen ______________________.

können sie den schweren Gegenstand ______________________.

C zusammen/laufen: Wenn wir uns morgen treffen, können wir ______________________.

In der Hand des Teamchefs sollen die Fäden ______________________.

b Notiere bei drei Formulierungen den Buchstaben des Satzes, in dem diese neue Bedeutung vorkommt.

☐ gemeinsam handeln ☐ beschäftigen ☐ in die Zukunft sehen ☐ sich vereinigen, bündeln
☐ denken

5 Ordne die festen Verbverbindungen aus dem Kasten richtig in das Wortgitter ein.

bloßstellen • innehalten • weissagen • widersprechen • weismachen • emporkommen • hocharbeiten • einsehen • vorangehen • vollstrecken • unterheben

waagerecht: **1** durchführen **2** blamieren **3** vorsichtig einrühren **4** ausruhen **5** zur Einsicht gelangen **6** etwas voraussagen **7** etwas Falsches behaupten **8** bestreiten **9** erfolgreich sein **10** sich eine bessere Position erarbeiten
senkrecht: weitergehen

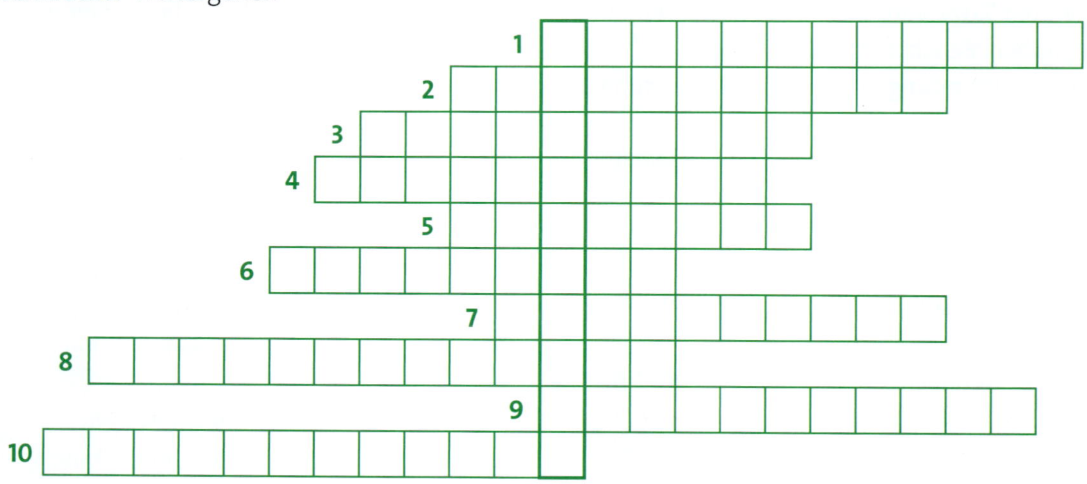

6 Formuliere einen Satz mit einer der Verbverbindungen aus dem Wortgitter.

____

____

Teste dich! – Zusammen- und Getrenntschreibung

PUNKTE |4

1 Entscheide, wie die Regeln A bis D richtig lauten. Streiche das falsche Wort durch.

A	Verbindungen von Verben und Verben schreibt man in der Regel zusammen / getrennt.
B	Verbindungen von Verben und Adjektiven schreibt man nur dann zusammen / getrennt, wenn sie eine neue Bedeutung haben.
C	Nominalisierungen von Verbindungen mit Verben schreibt man zusammen / getrennt.
D	Verbindungen von unveränderlichen Wörtern und Verben schreibt man zusammen / getrennt, wenn eine neue Bedeutung entsteht.

PUNKTE |13 PUNKTE |13

2 a Streiche in den Sätzen 1 bis 13 die falschen Zusammensetzungen.
b Ergänze in den Kästchen die passende Regel (A, B, C oder D).

1 Bevor man einen Marathon laufen kann / laufenkann, muss man ausdauernd trainieren. ☐
2 Man darf vor dem Wettkampf nicht schwarzsehen / schwarz sehen. ☐
3 Mit Radfahren / radfahren kann man sich fit halten. ☐
4 Um pünktlich zu kommen, ließ er sich von einem Taxi hinfahren / hin fahren. ☐
5 Die Schule versucht, allen Kindern das schwimmen lernen / Schwimmenlernen zu ermöglichen. ☐
6 Wenn er den Stein vorher gesehen / vorhergesehen hätte, wäre er nicht gestolpert. ☐
7 Wenn sie das Ergebnis vorher gesehen / vorhergesehen hätte, hätte sie nicht teilgenommen. ☐
8 Man kann kaum glauben, auf welchen Wegen die Stadt beim Parkourlaufen / Parkour laufen erobert wird. ☐
9 Parkourläufer können Treppen zum Beispiel blitzschnell hinunterrutschen / hinunter rutschen. ☐
10 Wenn einer rotsieht / rot sieht, muss man mit einer unüberlegten Handlung rechnen. ☐
11 Es gehört zu den Aufgaben des Wetterberichts, Unwetter vorherzusagen / vorher zu sagen. ☐
12 Kündigt er sie nicht an, muss er sich dem Vorwurf aus setzen / aussetzen, seine Aufgabe nicht zu erfüllen. ☐
13 Bei der Planung einer Bergtour sollte man den Wetterbericht heran ziehen / heranziehen. ☐

PUNKTE |4

3 Ordne den Verbverbindungen die passende Bedeutung zu. Ziehe Linien.

losfahren | vorbeifahren | zurückfahren | mitfahren

das Ziel nicht treffen | den Heimweg antreten | starten | nicht allein fahren

GESAMT |34

4 Prüfe deine Ergebnisse mit Hilfe des Lösungshefts (▶ S. 26). Trage die Punkte neben den Aufgaben ein. Zähle deine Punkte zusammen und notiere deine Übungsschwerpunkte auf der Linie.

☺ 34–31 Punkte	😐 30–18 Punkte	☹ 17–0 Punkte
Bravo! Welche Regeln solltest du trotzdem wiederholen? __________	Nicht schlecht! Mit welchen Regeln hattest du noch Schwierigkeiten? __________	Du solltest alle Regeln wiederholen. Welche bereiten dir besondere Probleme? __________

Zeichensetzung

Zeichensetzung bei Zitaten

Information | **Zeichensetzung bei Zitaten**

Zitate sind **wörtlich wiedergegebene Textstellen.**
- Sie werden durch **Anführungszeichen** gekennzeichnet.
- Innerhalb des Zitats darf der **Originaltext nicht verändert** werden.
- Wenn man einen Teil des Textes auslässt, kennzeichnet man die **Auslassungen** so: **[...]**.
- Nach einem **ankündigenden Begleitsatz** steht ein **Doppelpunkt,** z. B.:
  Der Bergsteiger erklärt: *„Die Expedition erfordert lange Vorbereitungen."*
- **Den nachgestellten Begleitsatz** trennt man durch ein **Komma** ab. Den Punkt in dem zitierten Satz lässt man dann weg, z. B.: *„Eine Passage im Winter ist äußerst gewagt", meint der Expeditionsleiter.*
- Stehen am Ende des Zitats **Frage- oder Ausrufezeichen,** dann gehören sie zum Zitat und bleiben innerhalb der Anführungszeichen, z. B.: *„Was soll ich machen?", fragte er.*

1 **Setze die fehlenden Satzzeichen bei den fünf Zitaten.**

Reinhold Messner – immer ein Ziel vor Augen

Reinhold Messner ist einer der bekanntesten Bergsteiger der Welt. In einem Interview vergleicht er den Berg mit einem Ziel im Leben, das man immer vor Augen haben muss. Die Interviewer fragten *Aber manchmal weiß man einfach selbst nicht so genau, was man will, kennen Sie das nicht? Nein, ich weiß, was ich will* antwortet darauf Messner. Er fährt fort *Das habe ich im Laufe der Zeit gelernt. Zwischen zehn und 25 war ich ein begeisterter Felskletterer. Damals ist mir wohl der Instinkt zugewachsen für später.* Der Mann, der alle 14 Achttausender dieser Erde bezwungen hat, erinnert sich *Wenn man mir mit zwanzig gesagt hätte, gehe doch mal mit zum Everest, hätte ich gesagt, ich bin doch kein Schneetreter! Das ist ja kein Klettern! Ich war damals mit Haut und Haaren Felskletterer.* Dennoch reiste Messner 1970 zum Nanga Parbat, um die Rupalwand zu erklimmen, die höchste Wand der Welt. Über sie hatte Hermann Buhl, der beste Kletterer der 1950er Jahre, geschrieben, sie bleibe für alle Zeiten unmöglich. *Das war der Grund für mich mitzufahren, übrigens der einzige* begründet Messner seine Teilnahme an der Expedition.*

2 **Zitiere auf den Linien die zwei grün markierten Textstellen und setze die Satzzeichen.**
Messner berichtet über den Umbruch in seinem Leben nach der Expedition zum Nanga Parbat:

Nachher aber konnte ich nie mehr klettern wie zuvor. Weil ich mir die Zehen erfroren hatte, die mir zum Teil amputiert wurden. Ich hätte nie mehr anschließen können an mein Kletterkönnen von 1969. 1970 kam der erste Umbruch in mein Leben. [...] Ich habe im Januar 1971 als Mittelschullehrer gekündigt und mir gesagt, ich tue das, was ich immer am liebsten getan habe: Ich gehe wieder auf Abenteuersuche. Also wurde ich Höhenbergsteiger, zum Spezialisten in einer Disziplin, die ich erst zu erlernen hatte. Ich habe von Älteren genau abgeschaut, wie sie was tun und warum – was ich richtig und was ich falsch fand, und habe das Himalaja-Bergsteigen eingebaut in meine Miniexpeditionen. Bald konnte ich alles selbst finanzieren. Ich war der Erste, der einen Achttausender gemacht hat mit nix! Andere haben 300 000 Euro gebraucht, ich 10 000 für das gleiche Ziel.*

Messner erklärt: ______________________________ .

______________________________ fährt er fort.

3 **Zitiere aus dem Text zu Aufgabe 2 im Heft zwei weitere Textstellen. Formuliere geeignete Begleitsätze.**

Das Komma in Satzgefügen

Information | **Kommasetzung in Satzgefügen**

- **Satzgefüge** bestehen aus einem **Haupt- und** mindestens einem **Nebensatz.**
- Hauptsätze und Nebensätze werden durch **Kommas** getrennnt.
- **Nebensätze** können **vor** oder **nach** dem Hauptsatz stehen oder in ihn **eingefügt** sein. Sie werden durch eine **Konjunktion** (z. B.: *als, weil, dass, damit*) oder ein **Relativpronomen** (z. B.: *der, die, das*) eingeleitet.

(▶ Sätze angemessen formulieren, S. 57–63, besonders S. 57)

1 **a** **Setze in den Satzgefügen 1 bis 5 die Kommas.**
b **Benenne die Position des Nebensatzes: A, B oder C.**
c **Markiere die Konjunktionen.**
d **Unterstreiche die Relativsätze, umkreise die Relativpronomen.**

A vorangestellter Nebensatz
B nachgestellter Nebensatz
C eingeschobener Nebensatz

Der jüngste Bezwinger des Mount Everest

1 Der 13-jährige US-Amerikaner Jordan Romero ist bisher der jüngste Bergsteiger der den höchsten Gipfel der Erde bestiegen hat. ☐

2 2010 stellte er den bis dahin geltenden Rekord der von einem 16-jährigen Nepalesen gehalten wurde ein. ☐

3 Romero wurde von seinen Eltern auf der Tour begleitet während erfahrene einheimische Bergführer die Betreuung vor Ort übernahmen. ☐

4 Weil die Behörden Nepals dem Jugendlichen die Genehmigung der Tour verweigert hatten stieg die Familie von der tibetischen Seite auf. ☐

5 Der Vater fand dass diese Route weniger gefährlich sei als die von Nepal aus. ☐

2 **a** **Setze im folgenden Text alle Kommas.**
b **Ergänze in den Lücken *das* oder *dass*.**
c **Unterstreiche zur Prüfung die Hauptsätze, markiere die Konjunktionen und umkreise Relativpronomen.**

Während seine Anhänger dem jungen Abenteurer gratulierten bekam er auch Kritik zu hören. Die Kritiker fanden es zu gefährlich ______ ein so junger Mensch den 8848 Meter hohen Gipfel des Himalaya besteigt. Jede Expedition auf diesen Berg ist ein Wagnis weil die Witterung und die Tour höchste Anforderungen an die Bergsteiger stellen. Obwohl nur erfahrene Alpinisten aufbrechen fordert der Mount Everest jedes Jahr zahlreiche Todesopfer.

Für Romero schien die Sache einfach da er die Aufregungen am Berg schätzt. Der Junge liebt die Natur die sich mit den Klimazonen und mit der Höhe verändert. Er behauptet nicht ______ die Kletterei ungefährlich ist. Aber er ist sich sicher ______ er sich auf seine Fähigkeiten verlassen kann. Auch ______ sein Vater mitklettert ist wichtig für ihn. Das schwierigste Hindernis ______ sie auf der Tour bewältigen mussten war für Romero eine Kletterpassage auf einem 30 Zentimeter schmalen Streifen in allergrößter Höhe. Weil die Wände ringsum steil abfielen schaute der Junge stur auf seinen Vater der vor ihm ging. So vermied er das Hinunterschauen ______ in dieser Situation gefährlich gewesen wäre.

Der Apostroph

Information **Der Apostroph (das Auslassungszeichen)**

Der Apostroph ist ein **Satzzeichen,** mit dem man im Deutschen die **Auslassung** von Buchstaben kennzeichnet.

- Ein Apostroph (Auslassungszeichen) **muss stehen:**
  - beim Genitiv von Namen, die auf *s, ss, tz, x und z* enden, z. B.: *Lukas' Smartphone, Felix' Kappe.*
  - bei Auslassungen im Wortinneren, z. B.: *D'dorf für Düsseldorf.*
- Ein Apostroph **darf stehen,** wenn man mündliche Auslassungen schriftlich nachahmt, z. B: *Wie war's? → Wie war es?*
- Ein Apostroph **steht nicht:**
  - beim Plural-*s*, z. B.: *die Handys, die LKWs.*
  - beim Genitiv-*s*, z. B.: *Lisas Meinung, Hamids Aufsatz.*
  - bei Präpositionen, die mit dem Artikel verschmolzen sind, z. B.: *aufs, vorm, fürs.*

1 **Ordne den markierten Schreibweisen in den Sätzen 1 bis 3 die zutreffende Regel zu.**

A Plural-*s* B Genitiv von Namen, die auf *s, ss, tz, x oder z* enden C Auslassungen

1 In Felicitas' Rucksack herrscht großes Chaos. B
2 M'gladbach ist besonders für seinen Fußballverein berühmt. C
3 Die Wörter „Handys“ und „Laptops“ schreibt man nicht mit Apostroph. A

2 **Auf Werbeplakaten und Schildern sieht man häufig Falschschreibungen mit Apostroph. Streiche die falsch geschriebenen Wörter in den Beispielen A bis G.**

A Bitte hier keine ~~Auto's~~/Autos, Roller und ~~Mofa's~~/Mofas abstellen.
B Zur Verstärkung unseres Teams/~~Team's~~ suchen wir Azubi's/Azubis.
C Freche Frisuren für Ihren Hund in Lisa's/Lisas Hundesalon!
D Wir reparieren Ihre ~~PKW's~~/PKWs prompt und zuverlässig.
E Sonntags/~~Sonntag's~~ tolle Frühstücksangebote in Miras/Mira's Bistro!
F Rostbratwurst nach Opas/Opa's Rezept!
G Immer dienstags/~~dienstag's~~ ist Gemüsetag.

3 **Formuliere einen Werbespruch, in dem ein Apostroph stehen muss, z. B. für einen Friseurladen oder eine Imbissbude.**

Heute 20% auf den Haarschnitt sparen bei Steffi's Hairsalon

4 **Vergleiche die Genitiv-Schreibung im Englischen und im Deutschen. Benenne den Unterschied.**

Tom's guitar – Toms Gitarre, Betty's cat – Bettys Katze.

Im Englischen wird ein Apostroph gesetzt und im deutschen nicht.

Teste dich! – Zeichensetzung

1 **a Setze im folgenden Text die Kommas.**
b Markiere die Konjunktionen und umrahme das Relativpronomen, die die Nebensätze einleiten.
c Unterstreiche die Satzgefüge mit zwei Nebensätzen.

PUNKTE |8 PUNKTE |2 PUNKTE |7

VORSICHT FEHLER!

Bergrettung aus der Luft

Wenn man einen Berg besteigt besteht immer die Gefahr dass man verunglückt. Dann sind die Verunglückten darauf angewiesen dass Retter sie schnell aus der gefährlichen Lage befreien und ins Tal bringen. Viele Länder die Hochgebirge aufweisen haben eine Bergrettung per Hubschrauber eingerichtet. Besonders große Erfahrung damit besitzt die Schweiz weil dort auch im Alltag manche im Hochgebirge lebenden Menschen mit dem Helikopter versorgt werden. Da das Fliegen im Gebirge enormes Können erfordert trainieren Hubschrauberpiloten und Bergretter regelmäßig damit sie im Notfall gefährliche Situationen am Berg zuverlässig meistern.

2 **a Setze in der Fortsetzung des Textes die Kommas in den Satzgefügen.**
b Notiere in den Kästchen, um welche Art von Nebensatz es sich handelt:
A vorangestellter Nebensatz, B nachgestellter Nebensatz oder C eingeschobener Nebensatz.
c Ergänze die Satzzeichen bei den kursiv gedruckten Zitaten.

PUNKTE |11 PUNKTE |9 PUNKT |2

Oft können Orte an denen Bergsteiger verunglücken nicht direkt von einem Rettungshubschrauber angeflogen werden ☐. Wenn aber ein Hubschrauber nicht landen kann müssen sich die Retter abseilen und die Verunglückten mit einem Seil oder einem Netz in den Helikopter transportieren ☐. Für alle die an der Bergung beteiligt sind ist das eine sehr riskante Aktion ☐.

Im Himalaya ist die Bergrettung ganz besonderen Herausforderungen ausgesetzt da herkömmliche Hubschrauber maximal in Höhen bis 4000 oder 5000 Meter aufsteigen können ☐. *Mit zunehmender Höhe verringert sich die Dichte der Luft* erklärt Oliver Ambacher der ein Experte auf diesem Gebiet ist ☐. Der Leiter des Fraunhofer-Instituts für Angewandte Festkörperphysik fährt fort *Mit dem geringer werdenden Sauerstoffgehalt verlieren die Verbrennungsmotoren der Helikopter an Leistung und stoßen an ihre Grenzen.**

Deshalb entwickelte man für den Einsatz in großen Höhen Spezialhubschrauber die besondere Rotorblätter und sehr starke Motoren besitzen ☐. Weil diese Fluggeräte sehr selten sind helfen im Himalaya häufig Rettungsteams aus der Schweiz aus ☐. Dass Hubschrauber in immer größere Höhen aufsteigen können stößt allerdings auch auf Missbilligung ☐. Kritiker befürchten dass sich womöglich reiche Menschen auf die höchsten Gipfel der Erde fliegen lassen wollen ☐.

3 **Prüfe deine Ergebnisse mit Hilfe des Lösungshefts (▶ S. 27). Trage die Punkte neben den Aufgaben ein. Zähle deine Punkte zusammen und notiere deine Übungsschwerpunkte auf der Linie.**

GESAMT |39

☺ 39–35 Punkte	☺ 34–20 Punkte	☹ 19–0 Punkte
Bravo! Was solltest du trotzdem wiederholen? __________	Nicht schlecht! Womit hattest du noch Schwierigkeiten? __________	Du solltest die Zeichensetzung wiederholen. Was bereitet dir besondere Probleme? __________

Ich teste meinen Lernstand

Mit den folgenden Tests kannst du feststellen, wie erfolgreich du im Fach Deutsch gelernt hast.
Du kannst mit den Tests prüfen,

- wie gut du **literarische Texte, Sachtexte und Grafiken lesen und verstehen** kannst (Test A),
- wie gut verständlich du **materialgestützt einen informierenden Text verfassen kannst** (Test B),
- wie sicher du in der **Grammatik** bist (Test C),
- welche **Rechtschreibstrategien** du beherrschst (Test D).

Wenn du wissen willst, was du im Fach Deutsch gelernt hast, kannst du alle Tests am Ende des Schuljahres bearbeiten. Aber auch während des Schuljahres kannst du prüfen, in welchen Bereichen du weiter üben musst. Plane feste Zeiten ein, um einen Test zu bearbeiten. Lies die Aufgaben genau, arbeite ruhig und gründlich. Zum Schluss kannst du deine Lösungen mit Hilfe des Lösungsheftes selbst kontrollieren, deine Punktzahl berechnen und deine Fähigkeiten bewerten.

Test A – Texte und Grafiken lesen und verstehen

Einen literarischen Text lesen und verstehen

Nadja Einzmann

Narzissen für den Tag (2001)

So, sagt sie sich, das war es, ein für alle Mal war es das. Sie hat lange genug auf seinen Beistand gewartet und auf ein entgegenkommendes Wort. Auch sie hat Gefühle und Gedanken, die mitgeteilt sein wollen. Aber davon will er nichts wissen. Sie hat ihm lange genug zärtlich geschrieben, als sei er diese Investition wert, und in den Umschlag gepackt, was ihr unter die Finger kam: einen Grashalm, der sich in ihrem Schuh fand, nach dem Nachmittag in den Wiesen; eine Skizze, sie könne nicht gut zeichnen, aber: wisse er, was gemeint sei?

Narzissen hat sie ihm geschickt, die Knospen noch geschlossen und unscheinbar in einer Papprolle, dass sie aufblühen für ihn über Nacht, weil, es wird eine harte Woche. Sicher, sie hätte sich kühler zeigen sollen, und nicht, als hätte sie ihn nötig. Sich rarmachen, nicht immer nicken und nicken zu jedem Vorschlag und als hätte sie reichlich Zeit. Ob er sich freue, wenn etwas ankomme von ihr, hat sie ihn gefragt. Natürlich freue er sich immer, und wenn sie täglich schriebe, auch dann würde er sich freuen und freuen. Nur bliebe ihm nicht viel Zeit zurückzuschreiben, das wisse sie ja.

Er ist vergesslich. Was sie ihm erzählt über sich, weiß er die Woche darauf nicht mehr. Und er bringt ihr Erdbeeren mit an einem Abend und ist sehr stolz darauf und weiß nicht mehr, dass sie dagegen allergisch ist. Dabei hat sie ihm die Geschichte erzählt, als sie fünfzehn war und Erdbeeren aß, bei ihrem ersten Rendezvous[1], und dann war ihr die Zunge ganz pelzig und wund und das Küssen war eine Qual. Das hat sie ihm erzählt, als sie beisammenlagen, und er hielt sie um die Taille[2] gefasst und lachte, und jetzt bringt er ihr Erdbeeren mit und weiß es nicht mehr. Auch hat er vergessen, dass ihr der Schweiß ausbricht, wenn sie länger als drei Stunden im Theater sitzen muss und das Bühnenlicht so weiß ist, dass die Gesichter der Schauspieler bleich sind und wie tot. Er hat Theaterkarten dabei und ist ratlos, als sie sich nicht freut, und steht da mit hängenden Armen. Er kann nichts dafür, sie versteht das. Er hat eine Familie zu versorgen und einen Beruf, der ihn auffrisst, er schläft keine Nacht mehr als fünf Stunden, und sein Sohn kriegt Zähne, und seine Frau will, dass er nach ihm schaut. Sie sieht die Ringe unter seinen Augen, und wenn er lacht, ist es ein trauriges Lachen. Auch er will etwas abhaben vom Leben, wenigstens etwas, und dafür hat er sie. Sie ist warm und zahm, und sehr, sehr verliebt. Dass er sie nicht liebt, weiß sie, aber wenigstens tut es ihm leid, und manchmal ist er zaghaft am Telefon und schuldbewusst, dass sie ihn umarmen möchte.

Das ist kein Leben, nicht für eine Frau wie sie, und heute hat sie es ihm gesagt. Sie geht die Straße ent-

lang, die Sonne scheint. Eine Telefonzelle[3] kommt in Sicht, und sie geht vorbei. Was wird er tun ohne sie? Leer wird sein Leben sein und voll von Menschen, denen er nichts bedeutet. Wird er auf sich achtgeben, wenn keiner mehr nach ihm sieht? Mager war er immer, und seine Anzüge flatterten ihm um die Hüften. Und traurige Augen hatte er.
Er wird sich eine andere suchen. Nicht daran denken! – Sie geht schneller. – Ja, das wird er.

1 das Rendezvous: Verabredung

2 die Taille: schmalste Stelle zwischen Hüfte und Brustkorb

3 Telefonzelle: Telefonkabine; Häuschen mit eingebautem Telefon

1 **a** **Kreuze die zwei richtigen Antworten an:** ***In der Kurzgeschichte geht es um …***

PUNKTE ☐

A ☐ … den Urlaub eines Paares.

B ☐ … die gestörte Kommunikation zwischen einem Paar.

C ☐ … die Trennung eines Paares.

D ☐ … die erste Begegnung eines Paares.

b **Kreuze die richtige Satzfortsetzung an:** ***Kommunikation zwischen Menschen oder Figuren geschieht …***

A ☐ … ausschließlich durch das, was sie jeweils sagen.

B ☐ … lediglich durch den Austausch von vollständigen und verständlichen Sätzen.

C ☐ … sowohl durch verbale als auch durch nonverbale Mitteilungen.

D ☐ … nur über den Weg moderner Kommunikationsmedien.

2 **Prüfe die folgenden Aussagen zur Kurzgeschichte. Kreuze jeweils an, ob die Aussage richtig oder falsch ist.**

PUNKTE ☐

	richtig	falsch
A Die Frau erinnert sich an positive und negative Situationen in der Beziehung zu dem Mann.	☐	☐
B Der Mann telefoniert lange mit der Frau und schreibt ihr lange Briefe.	☐	☐
C Die Frau hat eine Beziehung zu einem verheirateten Mann.	☐	☐
D Die Frau ist nicht bereit, sich in die Gedankenwelt des Mannes hineinzuversetzen.	☐	☐
E Der Mann fühlt sich missverstanden und wünscht sich die Trennung.	☐	☐
F Die Frau ärgert sich über die Unaufmerksamkeit und Oberflächlichkeit ihres Partners.	☐	☐

3 **Ordne die folgenden Aussagen zu Nadja Einzmanns Kurzgeschichte richtig zu. Nutze die passenden Satzverknüpfungen und ziehe Verbindungslinien.**

PUNKTE ☐

A Auch an der nonverbalen Kommunikation des Mannes und der Frau wird deutlich,	*weil*	1 … die Frau in der Vergangenheit viele Bemühungen unternommen hat, dem Mann ihre Liebe mitzuteilen.
B Der Mann hat die vielen kreativen Liebesbekundungen der Frau offensichtlich nicht wichtig genommen,	*obwohl*	2 … sie sich voneinander entfremdet haben.
C Die Frau ist enttäuscht und möchte den Mann verlassen,	*dass*	3 … der Mann nicht bereit ist, sich ernsthaft auf sie einzulassen.

4 **Begründe in deinem Heft, ob die folgende Einschätzung eines Schülers zur Kurzgeschichte zutreffend ist.**

PUNKTE ☐

An vielen Stellen in Nadja Einzmanns Kurzgeschichte „Narzissen für den Tag“ wird deutlich, dass die Frau versucht, mit dem Mann zu sprechen und ihre Gefühle auszudrücken. Der Mann jedoch versteht sie nicht, weil er nicht zuhört und sie ignoriert. Die misslungene Kommunikation führt schließlich zur Trennung.

Einen Sachtext lesen und verstehen

Wenn Männer nur noch schweigen

(Die Welt, 2016)

Auch Männer können reden – allerdings oft nur über Themen wie Beruf, Hobby oder Wirtschaft. Männliche Sprachlosigkeit prägt hingegen viele Partnerschaften. Frauen wollen sich über ihre Gefühle austauschen, viele Männer sind dazu nicht in der Lage. Doch mangelnde Kommunikation geht auf Dauer zulasten der Beziehung.

„Liebling, jetzt sag' du doch mal was dazu!", fordert die Frau ihren Mann auf. Doch der murmelt „Mmmh", lehnt sich zurück und schweigt. „Er spricht nicht mehr mit mir" – eine Klage, die Eheberater aus Hamburg schon von vielen Frauen gehört haben. „Wenn man nachfragt, wie lange die Sprachlosigkeit anhält, gibt es erschreckende Antworten. Bisweilen geht es um Jahrzehnte."

Eine einseitige Kommunikation prägt viele Beziehungen, weiß auch Günther Bergmann, Diplompsychologe in Köln: „Nach der großen Verliebtheit ebbt im Laufe der Jahre die Bereitschaft zu intensiven Gesprächen ab." Ein weit verbreitetes Phänomen, trotz wissenschaftlichem Gegenbeweis: Laut einer Studie der University of Arizona sprechen Männer fast genauso viel wie Frauen. Zwei bis zehn Tage lang zeichneten die US-Wissenschaftler jedes Wort der Probanden auf. Die Männer kamen im Durchschnitt auf 15 696 Wörter, lediglich 500 Wörter weniger als die Frauen. Doch wann reden Männer diese ganzen Wörter, mag sich so manche Frau fragen. „Männer können reden wie ein Buch, wenn es um den Beruf, die Hobbys oder die Wirtschaftslage geht", erklärt Monika Barth, Kommunikationstrainerin aus Worms.

Doch Frauen möchten mit ihrem Partner nicht nur über Sport und Finanzstrategien sprechen. „Frauen sind sehr beziehungsbezogen und wollen sich über ihre Gefühle austauschen, dazu sind viele Männer nicht in der Lage", sagt Bergmann. Für Frauen ist es eine große Erleichterung, sich die eigenen Probleme von der Seele zu reden – auch ohne eine Lösung zu finden. Männer hingegen machen ihre Probleme eher mit sich selbst aus und thematisieren diese nur ungern. Die Gründe hierfür sieht Monika Barth in gesellschaftlichen Werten: „Auch heute steckt noch in vielen Köpfen, dass Männer, die über Gefühle reden, schwach sind."

Damit die Beziehung nicht im Schweigen endet, sei die erste Regel, offen über die eigenen Bedürfnisse zu sprechen, sagt Bergmann. Wenn die Frau reden möchte, der Mann aber Zeit für sich braucht, muss er das sagen. Statt jeden Abend vor dem Fernseher zu sitzen, sollten Paare Gelegenheiten für Gespräche schaffen.

Verschlüsselte Botschaften kommen beim Mann nicht an. „Männer müssen vor allen Dingen lernen, zwischen den Zeilen zu lesen und nachzufragen, wenn sie sich nicht sicher sind, was die Partnerin meinte", rät Bergmann. „Frauen sagen häufig nicht direkt, was sie denken, das sorgt für Missverständnisse", ergänzt Barth. Frauen hingegen können nicht darauf vertrauen, dass ihre verschlüsselten Botschaften beim Mann ankommen. Anstatt zu sagen: „In der Stadt hat ein neues Lokal eröffnet", sollten sie ihren Wunsch direkt äußern: „Hast du Lust, mit mir in das neue Restaurant zu gehen?"

Wenn die Kommunikation erst falsch läuft, entsteht schnell ein Teufelskreis: „Anstatt miteinander, reden Paare aneinander vorbei", beschreibt Barth das Problem. Jeder fühlt sich missverstanden. Die Folge: Gemeinsame Gespräche reduzieren sich auf ein Minimum.*

5 Lies den Text und kreuze die richtige Antwort an.
In dem Artikel „Wenn Männer nur noch schweigen" geht es um …

PUNKTE ☐

A ☐ … das ungerechte Miteinander von Männern und Frauen in Gesprächsrunden.

B ☐ … die Auswirkungen einer mangelnden Kommunikation auf das Zusammenleben von Mann und Frau.

C ☐ … Unterschiede geschlechtsspezifischer Gesprächsthemen und deren internationale Bedeutung.

6 **Prüfe die Aussagen zum Text auf S. 90. Kreuze für jede der Aussagen an, ob sie richtig oder falsch ist.** PUNKTE

	richtig	falsch
A Themen wie Beruf, Hobby oder Wirtschaft sind besonders bei Frauen beliebt.	☐	☐
B Sprachlos sind viele Männern besonders bei Gefühlsfragen.	☐	☐
C Wird die Kommunikation zwischen Mann und Frau einseitig, ist die Beziehung bedroht.	☐	☐
D Männer sprechen im Durchschnitt 500 Wörter mehr als Frauen in der gleichen Zeit.	☐	☐
E Männer machen häufig ihre Probleme mit sich selbst aus und reden sie sich nicht von der Seele.	☐	☐
F In der Beziehung muss genügend Zeit für die Kommunikation untereinander gegeben sein.	☐	☐
G Männer müssen lernen, auch zwischen den Zeilen zu „hören“ und zu lesen.	☐	☐
H Frauen sollten ihre Botschaften weiter verschlüsseln, um sich für den Mann interessanter zu machen.	☐	☐

7 **Fülle die Lücken des folgenden Textes mit passenden Begriffen aus dem Wortspeicher.** PUNKTE

Wortspeicher

Teufelskreis • verschlüsselt • Gelegenheiten • Störungen • indirekt • Werte • fehlgesteuerten • Kommunikation • besonderen • Missverständnissen

Bei Paaren ist häufig zu beobachten, dass die ____________________ mit dem Partner einseitig ausgerichtet ist. Sowohl Männer als auch Frauen haben ihre ____________________ Themen, über die sie sprechen wollen. ____________________ zur gemeinsamen Kommunikation stellen z. B. bestehende gesellschaftliche __________ dar. Es kann jedoch zu ____________________ in der gemeinsamen Kommunikation kommen, wenn die Aussagen ____________________ oder ____________________ formuliert werden. Schließlich hilft es, sich mögliche ____________________ bewusst zu machen, um dem ____________________ einer ____________________ Kommunikation zu entgehen.

8 **Notiere mindestens zwei Textstellen aus dem Sachtext (▶ S. 90), die sich auf Einzmanns Kurzgeschichte (▶ S. 88–89) beziehen lassen. Notiere Stichworte und gib aus beiden Texten die jeweiligen Zeilen an.** PUNKTE

Sachtext	Kurzgeschichte

Eine Grafik lesen und verstehen

9 **Das folgende Balkendiagramm zeigt, wie Männer und Frauen jeweils wahrnehmen, wer auf welche Weise bei Gesprächen die Oberhand hat bzw. sie wie beherrscht (dominiert). Lies die Grafik Zeile für Zeile. Schreibe im Heft für jede Sicht mindestens einen Vergleich wie folgt auf, z. B.:**

PUNKTE

31 Prozent der Männer meinen, dass Frauen besser zuhören können als Männer. Dagegen stimmen 54 Prozent der Frauen dieser Aussage zu.

Gesprächsverhalten von Männern und Frauen: Unterschiedliche Wahrnehmung der Gesprächsdominanz

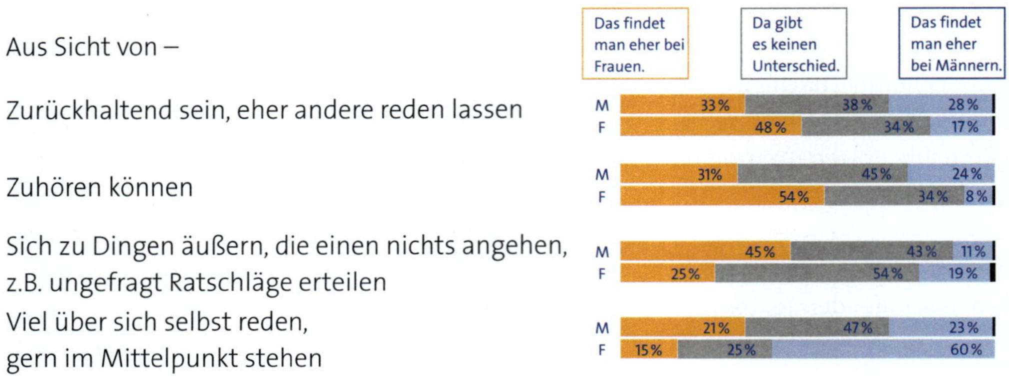

10 **Kreuze für jede der folgenden Aussagen A bis D an, ob sie richtig oder falsch ist.**

PUNKTE

	richtig	falsch
A Männer denken, Frauen und Männer seien ähnlich zurückhaltend.	☐	☐
B Die meisten Frauen sind der Ansicht, dass Männer gern im Mittelpunkt stehen.	☐	☐
C Viele Frauen meinen, dass Männer gern ungefragt Ratschläge erteilen.	☐	☐
D 91 % der Frauen sind davon überzeugt, dass Männer die besseren Zuhörer sind.	☐	☐

11 **Notiere in der folgenden Tabelle mindestens zwei Aussagen aus der Grafik, die sich auch auf Inhalte des Sachtextes (► S. 90) und auf Einzmanns Kurzgeschichte (► S. 88–89) beziehen lassen.**

PUNKTE

Aussage der Grafik	Bezug zur Kurzgeschichte	Bezug zum Sachtext

12 **Prüfe deine Lösungen mit Hilfe des Lösungshefts (► S. 27–28). Trage die Punkte neben den Aufgaben ein. Übe erneut die Aufgaben, bei denen du keine oder nur wenige Punkte erreicht hast.**

GESAMT

Test B – Materialgestützt einen informierenden Text verfassen

1 **Verfasse für deine Mitschüler mit Hilfe der folgenden Materialien M 1 bis M 4 einen informierenden Text zum Thema „Nonverbale Kommunikation in Vorstellungsgesprächen“. Schreibe in dein Heft.**
- **Stelle dar, was nonverbale Kommunikation ist.**
- **Erkläre die Wirkung nonverbaler Signale in kommunikativen Situationen.**
- **Formuliere abschließend eine Empfehlung für Vorstellungsgespräche.**

PUNKTE

M 1 Dirk Eilert

Das sagt die Körpersprache der Mächtigen (2014)

Macht und Stärke werden vor allem über die Mimik[1] und Körpersprache ausgedrückt. Die übliche und hochentwickelte Nutzung von Sprache lässt uns oft vergessen, wo unsere entwicklungsgeschichtlichen Wurzeln liegen. Die ausgebildete Sprachfähigkeit gibt es nach wissenschaftlichen Schätzungen erst 35 000 Jahre, die deutsche Sprache gar erst knapp 1 200 Jahre. Die stille Sprache von Mimik und Körper gibt es hingegen seit Menschengedenken. Sie hat damit einen Vorsprung von mehreren Millionen Jahren gegenüber dem gesprochenen Wort. Entsprechend groß ist noch heute die Wirkung dieser stillen Sprache auf unsere Gefühle und Beziehungen. Die vielen, meist sehr feinen nonverbalen Signale, die wir tagein, tagaus senden, formen und prägen die Wirkung, die wir auf andere Menschen haben – meist unbemerkt.*

1 die Mimik: das Mienenspiel, der Gesichtsausdruck

M 2 Einfluss der nonverbalen Kommunikation auf die Glaubwürdigkeit

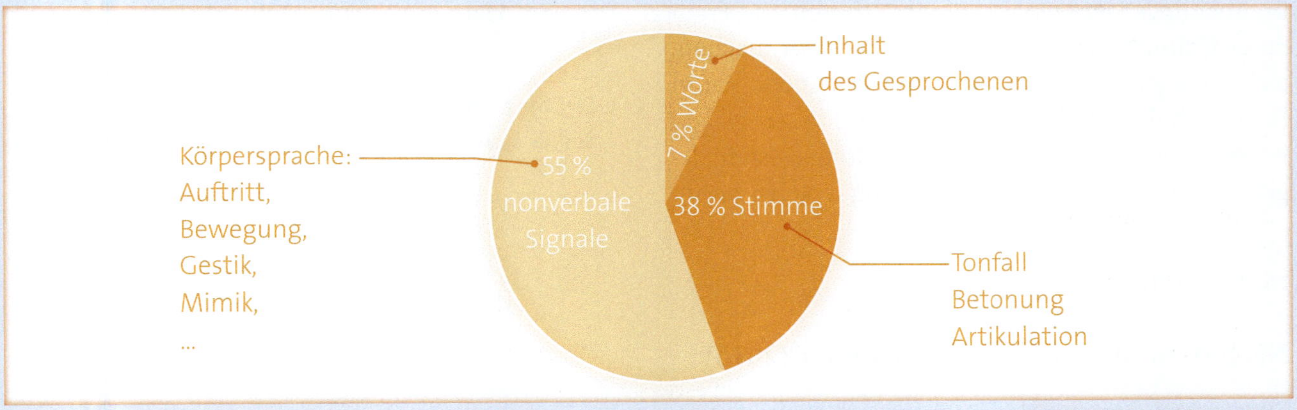

manfredlobstein.blogspot.com

M 3 Birgit Schönberger

Körpersprache (2014)

„Die meisten Menschen sind überrascht, wenn sie sich auf einem Video sehen“, sagt die Psychologin Monika Matschnig, die sich auf Körpersprache spezialisiert hat. „Vielen wird zum ersten Mal bewusst, dass sie die Schultern nach vorne fallen lassen, ständig die Brille hochschieben, sich hektisch am Arm reiben oder gar nicht gestikulieren und dadurch sehr gehemmt wirken.“ Ob in der Schule, im Büro, bei der Geburtstagsfeier, beim ersten Date, im Mitarbeitergespräch oder bei einer öffentlichen Präsentation, unser Körper spricht immer, auch wenn wir schweigen.

„Der Körper ist der Übersetzer der Seele ins Sichtbare.“ Was Christian Morgenstern[1] poetisch ausgedrückt hat, übersetzt Monika Matschnig in Businesssprache[2]. „Die Körpersprache ist unsere persönliche Visitenkarte.“ Der Körper verrät mehr über die Persönlichkeit als tausend Worte.

Zwar schöpfen alle Menschen aus denselben Möglichkeiten an Signalen, Gesten und Mimik, dennoch spricht jeder Körper seine eigene unverwechselbare Sprache. Die Festigkeit des Händedrucks, die Haltung, aufrecht oder gebeugt, die Atmung, regelmäßig oder hektisch, tief oder flach, die Art der Bewe-

gung, eckig, fließend, energiegeladen oder langsam, erzählen etwas von biografischen Prägungen, vergangenen Erfahrungen, Konflikten, Begegnungen und Überlebensstrategien.
Doch wenn Körpersprache größtenteils unbewusst funktioniert, ist es dann überhaupt möglich, sie gezielt zu beeinflussen? Monika Matschnig unterscheidet zwischen bewussten und unbewussten Aspekten. An Haltung, Stand und Mimik könne man gut arbeiten. Schwierig bis unmöglich sei es, vegetative[3] Reaktionen wie einen erhöhten Lidschlag oder vergrößerte Pupillen zu kontrollieren, ebenso unbewusste Verlegenheitsgesten wie das Reiben im Nacken oder am Ohrläppchen und kleine Veränderungen im Gesicht, die Angst, Überraschung, Zorn, Freude oder andere Gefühle ausdrücken.
Um sich abzugrenzen, sei eine klare Körpersprache deutlich wirkungsvoller als der Satz: „Das ist mir jetzt zu viel." Vor allem Frauen, glaubt Monika Matschnig, müssen sich ihre Stärken viel mehr bewusst machen und sie auch körpersprachlich ausdrücken. Sie beobachtet, dass sich die meisten Frauen immer noch schwertun, den Raum einzunehmen, der ihnen zusteht, und sich bei Geschäftstreffen zu behaupten. Die Ansicht, wonach Männer mit raumgreifenden Gesten ihr Gebiet abstecken und durch breitbeiniges Sitzen Macht demonstrieren und Frauen sich durch mädchenhafte Gesten klein machen, sich weniger ausbreiten und anderen mehr Raum lassen, sind weiterhin aktuell. „Viele Frauen zeigen immer noch unbewusst Unterwerfungsgesten, legen den Kopf schief, lächeln ständig, spielen an ihren Haaren herum, senken den Blick und schauen ihr Gegenüber aus dem Wimpernkranz heraus an."
Doch nicht nur Unterwürfigkeit ist oft ein Hindernis – zu viel Dominanzgehabe ist ebenfalls gefährlich. Männer können sich selbst aus dem Rennen werfen durch einen dominierenden Handschlag, der die Hand des Gegenübers nach unten zwingt. Oder indem sie sich im Vorstellungsgespräch zurücklehnen, die Hände hinter dem Kopf verschränken und unbewusst eine Chefposition einnehmen oder mit dem Finger oder Stift auf ihr Gegenüber zeigen, was dominant und unsympathisch wirkt. Und wer den Blick aufdringlich durch das Chefzimmer schweifen lässt, wirkt nicht vertrauenerweckend.
Auch wenn es bei der Deutung von Körpersprache trotz eindeutiger Empfehlungen reichlich Interpretationsspielraum gibt, in einem Punkt sind sich alle Experten einig: Wenn die körpersprachlichen Signale nicht zu den gesprochenen Worten passen, schafft das Verwirrung und wirkt unglaubwürdig. Deshalb achten erfahrene Mitarbeiter einer Personalabteilung in Auswahlgesprächen auf Zeichen, wo Aussagen und Verhaltensweisen nicht zusammenpassen. Bewerber, die ihre Leistungen schönfärben oder Erfahrungen vortäuschen, verraten sich oft durch kleine Gesten oder Reaktionen im Gesicht – eine Berührung am Hals, ein Stirnrunzeln oder rote Flecken.*

1 Christian Morgenstern: deutscher Dichter (1871–1914)
2 Businesssprache: Sprache, die man in der Wirtschaft bzw. in Firmen spricht
3 vegetativ: unbewusst, unwillkürlich

M 4 Antonia Roch

Nach dem Stottern ... geht es weiter (2015)

Dass neben gutem verbalem Ausdruck auch nonverbale Kommunikation in Form von Gestik, Mimik und Stimme den Erfolg von Gesprächen mitbestimmt, ist unstrittig. Wesentlich ist dabei vor allem, dass es zwischen beiden Ebenen keinen Widerspruch gibt. Wenn ein Bewerber sagt: „Ich fühle mich in Ihrem Unternehmen sehr wohl", während seine Mimik, Gestik und Stimmlage eher das Gegenteil zum Ausdruck bringen, überlagert das weitgehend den Inhalt des Gesagten.
Wissenschaftliche Untersuchungen belegen außerdem: Die äußere Erscheinung, das Auftreten und eine natürliche Souveränität[4] sind wichtiger als die Zeugnisse des Bewerbers. Verallgemeinern lassen sich diese Ergebnisse allerdings nicht – was Selbstpräsentation angeht, gelten für einen Elektromechaniker wohl andere Anforderungen als für einen Versicherungsberater. Am besten aber zeigt sich jeder so, wie er ist.*

4 Souveränität: hier „selbstbewusstes Auftreten"

2 Prüfe deine Lösung mit Hilfe des Lösungshefts (► S. 28). Trage die Punkte neben den Aufgaben ein.

GESAMT

Test C – Grammatik

1 **a Unterstreiche in dem Auszug aus „Narzissen für den Tag“ (▶ S. 88 f.) die anderen Konjunktivformen.** PUNKTE

„Sie hat ihm lange genug zärtlich geschrieben, als sei er diese Investition wert, und in den Umschlag gepackt, was ihr unter die Finger kam: einen Grashalm, der sich in ihrem Schuh fand, nach dem Nachmittag in den Wiesen; eine Skizze, sie könne nicht gut zeichnen, aber: wisse er, was gemeint sei?“

b Welche der folgenden Aussagen trifft zu? Kreuze an.

Der Konjunktiv steht hier, weil die Erzählerin ...

A ☐ ... von Selbstzweifeln gezeichnet und unsicher ist.
B ☐ ... die Erzählerin den Inhalt des Briefes wiedergibt.
C ☐ ... höflich formulieren möchte.
D ☐ ... ihre Gedanken nicht mehr gut ordnen kann.

2 **a Unterstreiche die folgenden Nebensätze aus „Narzissen für den Tag“ (▶ S. 88 f.).**
b Entscheide, ob es sich um Objektsätze oder Subjektsätze handelt. PUNKTE

A „Ob er sich freue, wenn etwas ankomme von ihr, hat sie ihn gefragt.“ → *Es ist ein* ____________________.

B „Was sie ihm erzählt über sich, weiß er die Woche darauf nicht mehr.“ → *Es ist ein* ____________________.

3 **Bestimme den Satzbau (Hauptsatz + Nebensatz) in den folgenden Sätzen. Zeichne den Satzbauplan.** PUNKTE

A „Auch heute steckt noch in vielen Köpfen, dass Männer, die über Gefühle reden, schwach sind.“

____

____

B „Frauen sagen häufig nicht direkt, was sie denken, das sorgt für Missverständnisse.“

____

____

4 **Wandle Satz B aus Aufgabe 3 in die indirekte Rede um.**
Verwende wenn möglich den Konjunktiv I (ersatzweise den Konjunktiv II oder die würde-Ersatzform). PUNKTE

Satz B: *Frauen würden* ____

____.

5 **Markiere in den beiden folgenden Sätzen die Adverbialsätze und bestimme sie (z. B. Kausalsatz).** PUNKTE

A „Damit die Beziehung nicht im Schweigen endet, sei die erste Regel, offen über die eigenen Bedürfnisse zu sprechen, sagt Bergmann.“ (Art des Adverbialsatzes: ____________________)

B „Wenn die Kommunikation erst falsch läuft, entsteht schnell ein Teufelskreis.“ (____________________)

6 **Prüfe deine Lösungen mit Hilfe des Lösungshefts (▶ S. 29). Trage die Punkte neben den Aufgaben ein. Übe erneut die Aufgaben, bei denen du keine oder nur wenige Punkte erreicht hast.** PUNKTE

Test D – Rechtschreibung

1 **Finde in den beiden ersten Absätzen der Kurzgeschichte „Narzissen für den Tag“ (▶ S. 88 f.) für jede Strategie zwei Wortbeispiele. Schreibe in die folgende Tabelle:**

PUNKTE

Verlängern	Ableiten	Merken

2 **a Erkläre die Schreibung der *markierten* Buchstaben durch ein Beweiswort.**
b Benenne die Strategie, die du angewendet hast.

PUNKTE

Pa**pp**rolle → ____________ tä**g**lich → ____________ Strategie = ____________

3 **a Finde im dritten Absatz der Kurzgeschichte „Narzissen für den Tag“ (▶ S. 88) je zwei Wörter mit *ss* und *ß*.**

PUNKTE

ss: ____________ ____________ *ß:* ____________ ____________

b Wie müssen die beiden Regeln A und B richtig lauten? Streiche die jeweils nicht zutreffenden Wörter.

A *ss* schreibt man, wenn die erste Silbe *offen/geschlossen* ist.
B *ß* schreibt man, wenn die erste Silbe *offen/geschlossen* ist

4 **Schreibe den ersten Satz der Kurzgeschichte (▶ S. 88, Z. 1–2) mit den richtigen Satzzeichen so als Zitat auf, dass du dadurch kenntlich machst, was die Figur denkt.**

PUNKTE

____

____

5 **In der Kurzgeschichte (▶ S. 88) steht in dem Satz in Z. 59–61 vor *und* ein Komma. Kreuze im Folgenden die richtigen Aussagen zu dieser Kommasetzung an.**

PUNKTE

A Bei dem Satz handelt es sich um ein Satzgefüge. ☐
B Bei dem Satz handelt es sich um eine Satzreihe. ☐
C Das Komma muss stehen, weil *und* einen Hauptsatz einleitet. ☐
D Das Komma kann vor *und* stehen, muss aber nicht stehen. ☐

6 **Formuliere den ersten Satz des vorletzten Abschnitts (▶ S. 88, Z. 53–54: „Das ist kein Leben […]“) zu einem Satzgefüge um. Beachte die Kommasetzung.**

PUNKTE

Heute hat sie ihm ____

____.

7 **Prüfe deine Lösungen mit Hilfe des Lösungshefts (▶ S. 29). Trage die Punkte neben den Aufgaben ein. Übe erneut die Aufgaben, bei denen du keine oder nur wenige Punkte erreicht hast.**

GESAMT